本田直之

レバレッジ英語勉強法

偏った英語でレバレッジポイントを目指せ！

Prologue 仕事にレバレッジをかけたいなら「思考法」を変換せよ！

本書は、英語を「学ぶ」本ではありません。

英語が実践で使えるようになる「考え方」を身につけるための本です。

英文法や例文を並べるのではなく、これまで一生懸命に英語を勉強してきたのに、どうしても話せない人の突破口を開く方法を明かしていきます。

- 留学や海外生活の経験がない人
- 英語の勉強にあまりお金をかけたくない人
- 怠け者、あるいは根気がない人
- 何らかのコンプレックスがあって英語が話せない人
- ＴＯＥＩＣ高得点など、能力があっても実際のコミュニケーション手段として英語

を使うことができず、ストレスがたまっている人

●受験から始まって英会話スクールに通うなど、コツコツ勉強した蓄積があるのに、「話せる！」という実感が訪れない人

●英語を話すことによってビジネスでリターンを取りたい人

本書で対象としているのは、このような方々であり、「英語ペラペラ」を目指す人に読んでいただいても、おそらく役に立たないでしょう。

なぜなら、わたし自身、「一〇〇パーセント完璧《かんぺき》な英語力」など身につけていませんし、身につける必要もないと考えているからです。

大学卒業後、就職した当初のわたしは、会社に英語の電話がかかってくると無言で切ってしまうほどの英語アレルギーで、二六歳まで英語がまったくしゃべれませんでした。

そんな状況からスタートし、短期間で語学をマスターするには、完璧を目指すというのはとんでもない回り道でした。

逆に言えば、「英語が苦手な自分が最短距離で成果を出すにはどうしたらいいか？」を突き詰めて考え、新たな勉強法を生み出したからこそ、「話せるようになっ

た」と言えます。

なぜなら、従来の「英語勉強本」は、英語講師や英語コンテンツを作る人、あるいはバイリンガルのネイティブスピーカーなど、「英語を教える側」から書かれたものがほとんどでした。

もちろん、ためになることが書いてありましたし、英語マスターの正道だったのでしょうが、「ピンとこなかった」というのも正直な感想です。

- 帰国子女でもなく、英語が得意なわけでもない
- 面倒くさがり屋で、コツコツ努力するのが苦手
- 仕事が忙しくて時間がない
- 英語を話せるようになるまで何年もかかると思うと、うんざりする
- しかし、今すぐ話したい！

かつての自分の姿を飾らずに描写すれば、こんなありさまでしたから、「英語の先生」が書く「優等生的な英語の本」についていくことは不可能でした。

しかし、それがかえってよかったと、今では思っています。

「完璧でなくても役立つ英語を、短い時間で効率よく、話せるようになる」

わたしのような怠け者には、そういった方法しか役に立たないと悟り、そのための方法を自ら編み出すことができたのですから。

本書でご紹介するのは、「教わる側」だったわたし、「英語ができない側」だったわたしが体験を通して構築した「実践テクニック」です。

「英語が話せるようになる」とひとくちに言っても、レベルはさまざまです。

「ネイティブとまったく同じレベルで話したい！」という人は、本書がご紹介するのとは別の勉強法が必要でしょう。

「英語という文化をじっくり学びたい」という人には、いろいろなアプローチ法があるでしょうが、アメリカかイギリスの大学院で文系のコースに進んで研究するといったルートが適しているのかもしれません。

「同時通訳、翻訳者あるいは映画の字幕翻訳者を目指している」という人は、プロフェッショナルのための、特殊なスキルを身につける必要があると思います。

これほど、「英語を話す」レベルには差がありますし、今ご紹介したようなものは、非常に特殊かつ高レベルな目標といえるでしょう。

ところが、「英語を話したい」となると、どういうわけか、多くの人があやまちを犯します。**つまり、現実離れした高いレベルの「英語ペラペラ」を目指してしまうのです。**

たとえば、以下はすべて「完璧なペラペラ英語」という幻想によって生じた失敗パターンです。

- 勉強する際に、一切の戦略をもたない
- プロ級の高いレベルを目指す
- メンタルブロックがかかっているのに気づかない
- レバレッジポイントに達することがない方法で勉強している
- 即効性の勉強、遅効性の勉強の違いも、配分のバランスもわからない

このような誤った考え方に基づいて、誤った勉強法を選んでは、いくら努力しても話せるようにはなれません。

かつて英語アレルギーだったわたしでも、考え方を変えてレバレッジポイントを迎えたことでMBAを取得し、現在はハワイと東京を拠点としています。

仕事で世界各国のビジネスマンとミーティングを行うことも頻繁にありますし、趣味のサーフィンではハワイの自宅近くの海で、地元のサーファーたちと世間話をしたり、波の様子を話し合ったりします。

仕事にしろ、サーフィンにしろ、英語でのコミュニケーションに問題はありません。今は英語でのやりとりは、ごく当たり前の日常生活の一部となっています。

しかし、「あなたの英語は一〇〇パーセント完璧でペラペラなのか?」と訊ねられれば、答えはＮＯです。

わたしは「コミュニケーションツールとしての英語」を、何不自由なく使いこなせますが、今でも完璧な「英語ペラペラ」ではありません。文法もよくまちがえます。発音も完璧ではありません。さらに、興味がないジャンルの映画やテレビを字幕なしで見るのは苦痛ですし、何を言っているかわからないことも多々あります。

しかし、それで十分です。つまり、ビジネスと日常生活に必要な英語は、ひじょうに限られた範囲のもので、現実離れした高いレベルのものでは決してないというのが、「英語が話せるようになった」わたしの実感なのです。

逆に言えば、自分に合った「偏った英語」に照準を定めないから、いつまでたっても英語を話すことができないのだと思います。

詳しくは後述しますが、英語はもはや「しゃべれたら楽しいだろうな」という趣味や娯楽だけではなく、ビジネスで生き残るための必須アイテムになってきています。**英語ができる・できないであらゆる格差が開く事態が、日本においても、すでに出現しているのです。**

あなたが「ビジネスで成功したい」あるいは「楽しく快適な生活をしたい」と望んでいるのなら、英語はマストです。のんびり構えている時間は、そう残されてはいないと知っておいたほうがよいでしょう。

ここ数年のうちに、ＰＣがそうなったように英語ができないとやっていけない時代が到来します。

今が生き残るためのラストチャンスといっても過言ではありません。

そこで本書では、三カ月で英語を話せる基礎をつくり上げることにします。

忙しいビジネスパーソンにとって時間資産はなにより貴重だというのは、これまでの著書で繰り返し述べてきたとおりです。

また、自分自身の経験から言っても、語学マスターというのは、「短期集中で一気にやったほうが大きなリターンが得られる」ものです。

三カ月というのは、これまでの蓄積してきた「含み資産」が一気に顕在化する「ブレイクポイント」なのです。

- ネイティブに話しかけられたとき、とっさに一言、返せるようになった
- リスニングしていて急に意味がわかるようになった

この現象はみな、スタート後の三カ月を目安に起こります。

「三カ月でしゃべれるようになるか、一生やらないかのどちらかだ」

これはドイツ語をマスターしようとした際の、J・P・モルガンの言葉ですが、語学とはまさにこのようなものだと思います。

これからの三カ月で英語を話せる体質に生まれ変わり、それが読者のみなさんの人生を変えるきっかけとなれば、著者としてこれほど嬉しいことはありません。

レバレッジコンサルティング株式会社代表取締役兼CEO
本田直之

レバレッジ英語勉強法の位置づけ

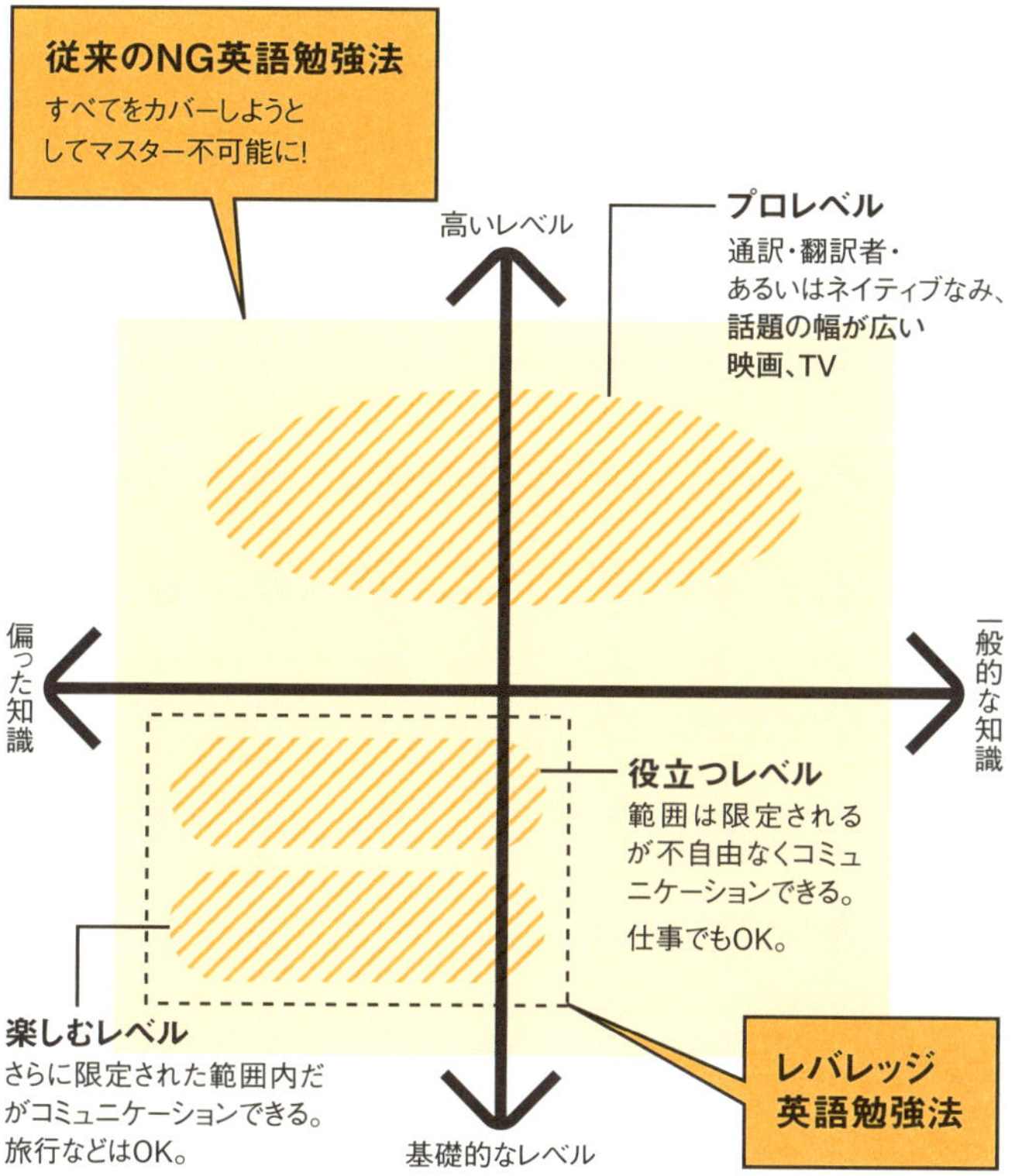

Chapter 3

「従来の勉強法」を「レバレッジ勉強法」に切り替える

Chapter 4

本当にレバレッジが効くインプットをする

Chapter
5
英語をモノにするアウトプットの方法

Chapter 6
三カ月で壁を破るレバレッジ・スケジューリング

Chapter 7

ポイントが一目でわかる「レバレッジ英語」体験記

装丁　渡邊民人（TYPE FACE）
写真　星　武志

CHAPTER 1

生き残るための資産をつくれ!

「英語が話せない」と格差が拡大する時代

017-032

世界に出て行かねば、
日本人に未来はない

大前研一

英語とは「投資アイテム」ではなく「資本金」である

英語を話せるようになりたいという人は、たくさんいます。

その理由はさまざまだと思います。

趣味として学びたい、あるいは海外旅行がきっかけで話したいと思った、仕事のためなど、人それぞれ、動機は多岐にわたるでしょう。

しかし、「仕事のために英語を話せるようになりたい」という人のほとんどは、大きな誤解をしています。

「英語が話せたら、仕事上、強みになるだろう」

「英語ができるようになれば、もっといい会社に転職できる」

もしあなたがこんな考え方でいるとしたら、それはもはや誤りです。

なぜなら、英語を「先行投資アイテム」としてとらえているからです。

一九九〇年代までの日本のビジネスパーソンにとって、英語とは、「できたほうが有利」というものでした。語学ができればアドバンテージがとれる。逆に言えば、できなければできないなりに、誰かに任せてもなんとかなったのです。

ところがグローバル化の波は、加速度を増して押し寄せています。これは、わたしたちの予想をはるかに凌駕《りょうが》するスピードです。

これに関して『2015年の日本』（野村総合研究所2015年プロジェクトチーム著・東洋経済新報社）という本を興味深く読んだので、紹介しましょう。

同書には、日本は世界第二位の経済規模を誇りながら、国際競争力では対象五三カ国中、第二四位とあります。

そのため財もサービスも狭い日本の一億人市場にしがみつくことになり、日本独自の進化を遂げて世界標準からかけ離れてしまう「ガラパゴス化現象」が生じているそうです。

さらに、第一の開国・明治維新、第二の開国・第二次世界大戦に続き、二〇一五年までに第三の開国が起こるという記載もあります。

――「第三の開国」では、何が変わるのか？　ヒト、モノ、カネ、情報の国境を越えた移動がより自由に行われる社会に向かうことである。

この一文をわたしふうにかみ砕いて言えば、外国資本や外国人労働者が当然のように日本に入ってくるし、海外の取引先も開拓しなければ企業は成り立たないという事態が起こるということです。

この本を読んで私は、「あと数年で、英語ができなければ淘汰《とうた》されてしまう事態も起こりうる」という自分の予感が裏づけされたような気がしました。

九〇年代初め「パソコンはできるやつに任せておけばいい」とのん気に構えていた人が、あっという間に「パソコンが使えないと就職すらできない」という急展開に飲み込まれたのと同じ現象が、英語に関しても早晩、起こると思います。

つまり、英語は「できたほうがいい」という有利になるためのオプションではなく、「できなければマイナスになる」という必須アイテムと化しています。

ビジネスパーソンにとっての英語は投資アイテムではなく、最低限もっているべき資本となりつつあるのです。

英語を勉強するのは面倒くさいけれど、勉強しなければもっと面倒くさいことになるというのは確かでしょう。

英語は必須アイテム

Gain

- レバレッジがきく!
- 仕事が効率化する!
- 人生を楽しめる!
- 時間のゆとりが生まれる!
- 趣味の幅が広がる!

……etc.

Lose

- レバレッジがきかない
- 仕事で成果が出せない
- 人生全般で損をする
- 何かと手間隙がかかる
- 限られた楽しみしかなくなる

……etc.

英語ができないと生じる「六つの格差」を認識する

英語ができないと生じる格差は主に六つあります。

第一は「情報格差」。

何か調べたいというとき、インターネットを利用するのがごく当たり前の時代です。Googleにせよウィキペディアにせよ、ネット上には膨大な情報があふれていますが、日本語による情報より英語のもののほうがはるかに多く、あふれているのは紛れもない事実です。

良い情報を得るためには、まず多くの情報に触れて選別していきます。

しかし、第一段階である「多くの情報」が、日本語と英語ではるかな差があるとしたら、英語ができないことは明らかに不利です。

本から学ぶ、人の話を聞くという場合でも、世界レベルで考えれば、日本語のものより英語の情報がずっと多いことは確かでしょう。

第二は「収入格差」。

先ほどもふれましたが、これからは外国資本がどんどん日本に入ってきます。

三角合併といった例もありますが、外資が日本企業の資本をもつといったことも普通になるでしょう。日産や日興証券などがその例です。

また、名前や形態が日本の会社でも、実質は外資系であり、ミーティングも英語で行われる企業も増えてくるはずです。会社で行われる日々のミーティングが英語であれば、英語ができることはもはやアドバンテージではありません。毎日の伝達事項を理解できただけでほめてもらえるケースなど存在しないのです。

英語をツールとして使い、そのうえで高いレベルの仕事をしなければ、役職や年収を上げていくことは不可能となります。ここで収入格差が生じます。

若いうちならまだいいかもしれませんが、三〇代、四〇代で、ある程度のポジションになったとき、英語ができないというだけの理由で昇進が頭打ちになったり、解雇されてしまったら深刻です。転職を考えた場合も、英語ができるかできないかで、選択の幅は確実に変わってきます。「自分の会社が外資系になる！」というニュースが入ってから、慌てて英語に取り組んでも手遅れなのです

第三は「時間格差」。

英語ができないと、入ってくる情報量が減るだけではありません。必要に迫られて英語の情報を得たい、英語でコミュニケーションを取らなければならないというとき、人を介することになります。つまり、通訳を頼んだり、資料の翻訳を依頼するということですが、これが積み重なると多大な時間のロスになります。

情報が自分に伝達されるまでに手間隙《ひま》がかかるうえ、すぐに理解できなくて本来のコミュニケーションができなかったりします。すると行き違いをただすために説明をする、資料を用意するなど、さらなる時間を費やすはめになります。

国際的な政治経済の流れや、トレンドも英語の情報が取れたほうが瞬時にキャッチできますし、日本語に翻訳されるのを待つタイムロスをなくせば、時間資産をムダにせずにすむのです。

第四は「人脈格差」。

英語を話せるとは、理屈で言えば、人口一億数千人の日本人だけを相手にする場合の何倍もの人脈がつくれるということです。

「出張も旅行も国内だけでいい」と言う人は、時代の変化に背を向けています。

しかも、インターネットの発達で居ながらにして海外の人とコミュニケーションが取れるツールも発達しています。たとえば、わたしが活用しているアメリカのSNSサイト「Linkedin リンクドイン（http：//www.linkedin.com/）」は、一〇〇〇万人を超える実名と職務経歴を明らかにした登録者が一三〇カ国にいます。

第五は「楽しみ格差」。

これは、わたしが今、もっとも実感していることです。

英語ができるのとできないのとでは、プライベートにおいても大きな差がつきます。

たとえば海外のレストランに行ったとします。メニューに載っている料理のうち、知っている単語のものしか注文できなかったら、いつも同じものを食べなくてはなりません。ウエイターも、必要最小限の言葉しか理解しない客より、コミュニケーションが取れる客のほうにサービスしたくなるのが人情でしょう。

レストラン以外にもベーシックなところで「楽しみ格差」は出てきます。

たとえば、ゴルフに夢中だという人なら、語学ができれば現地でアメリカ人と一緒にまわってみるなど、日本のコースばかりに行くのと比べて何倍も大きな楽しみが待っているかもしれません。

今後、自分が出かけていくばかりでなく海外から人がくる時代になります。ずっと日本にいたとしても、日常レベルの楽しみ格差が大きくなっていくのです。

第六は「思考格差」。

考え方、文化についても、英語ができるかできないかで差が開きます。

具体的になにを指すかといえば、言葉が通じて海外の文化や常識に深く触れることで、自分の世界が広がるのです。

日本に住んで、日本語を話し、日本人だけと付き合って、日本の常識や日本の考え方に終始していれば、すべての発想が、そこに固定されてしまいます。

たとえば、会社には定年まで勤める、転職は良くない、ローンで買った家に一生住む――こういったことが「当たり前」になるのです。

これはわたし自身の経験ですが、アメリカに行ってみると、さまざまな人がいます。

夏と冬で、アリゾナとコロラドを行ったり来たりして暮らしているような人にもた

英語ができないと生じる格差

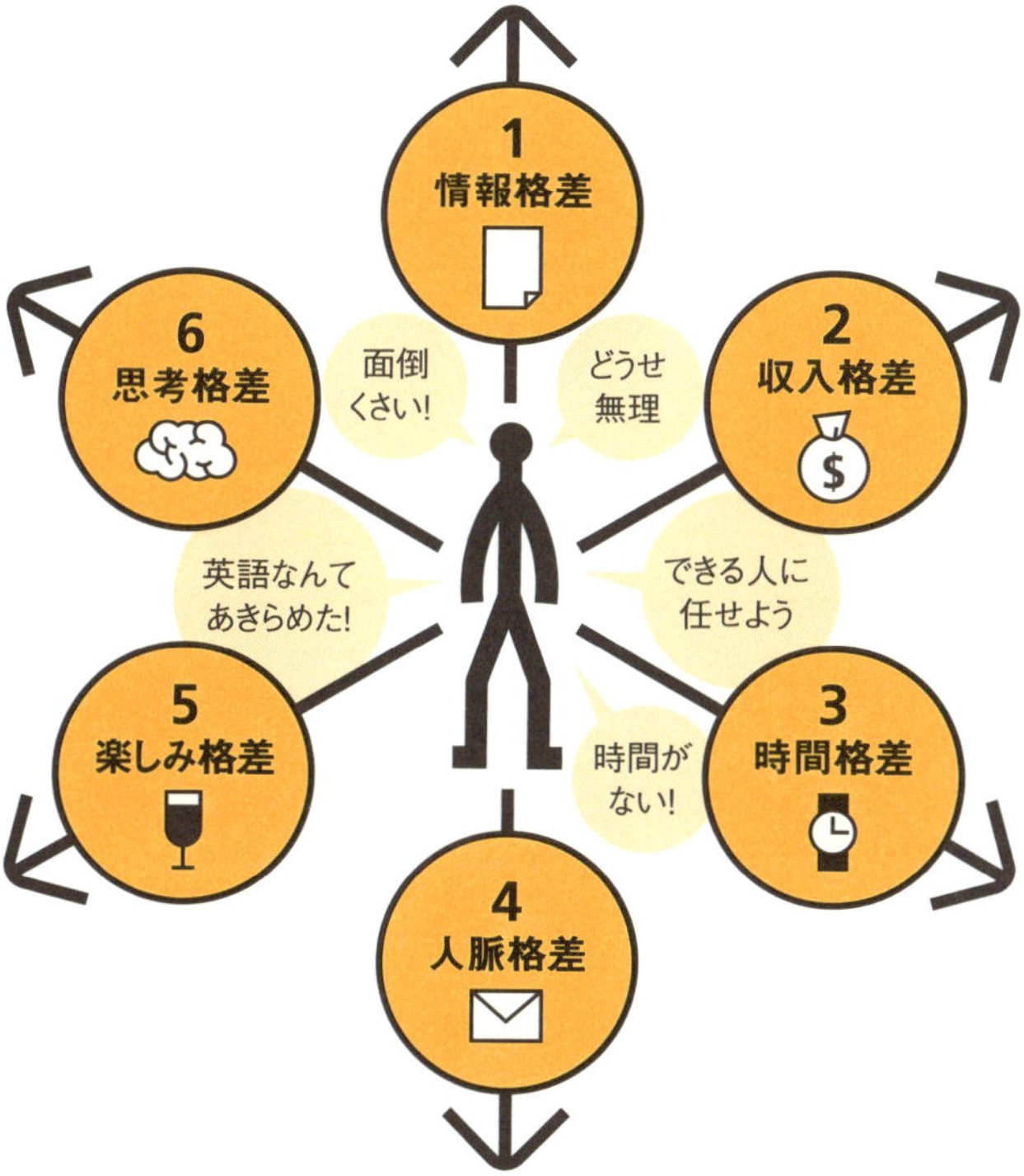

※格差はどんどん拡大する。

くさん出会いました。東京やニューヨークだと、普通の人が二つの家をもつのは不可能ですが、田舎であれば都会で一軒の家を買う値段で二軒買えてしまうので、特別なお金持ちではなくても、こうした選択ができるのです。

「世界にはさまざまな暮らし方があるな」と素朴に感心したのを覚えています。

わたしは、同じ会社に勤めて、同じ場所に住むことが悪いと非難したいのではありません。世界には、自分には思いもつかないようなライフスタイルがいろいろあると知り、そのうえで自分にベストなやり方を選んだほうが、頭の構造も大きく変わり、より自由に楽しく生きられるのではないかと思うのです。

以上、個人レベルの六つの格差を述べましたが、日本という国自体が、「世界格差」を体験する日も遠くありません。藤田田さんの『チャンスをお金に変える方法』（ワニ文庫）に、ガルブレイス・ハーバード大学名誉教授の言葉があります。

——中国は将来、政治的、経済的にアジアの大国になるだろう。その場合、米国人の目から見ると、日本は米国から中国へ行く途中の国にすぎなくなる可能性が高い。日本は中国の沿岸部にある小さな国とみられるようになるかもしれない。

しかし英語ができれば、個人も国も取り残される事態も阻止できるのです。

これからの10年「自分資産」は「英語×IT」で殖やせ！

Googleをお気に入り登録していないビジネスパーソンは、いないでしょう。

しかし最大限に活用しているかと問われれば、自信をもってうなずける人は、あまりいないのではないでしょうか。

Googleは日々進化しています。単なる検索ツールを超えた存在になっているので、わたしも定期的に情報をチェックし、新たな活用法を勉強しています。

これからの時代、レバレッジが効く投資アイテムは三つあります。

①語学
②IT
③金融

この三分野で「自分資産」を蓄えれば、あらゆるジャンルにレバレッジが効きますが、三つを掛け合わせると、さらなる飛躍的な成果も生まれます。三つとも、一度学んで身につけてしまえば、一生涯にわたってビジネスにもプライベートにも役立てることが可能なのです。

Googleとは、「英語×ＩＴ」がいかにレバレッジが効くかの象徴的な存在だと思います。

英語での検索と日本語での検索では、一つのキーワードを調べたとしても情報量が格段に違うという以外にも、大きな差があります。

わかりやすい例として「Googleのサービス一覧」を見てみましょう。

Gmail、Earth、YouTubeなどのサービスは、日本のGoogleより先にアメリカのGoogleに登場しました。これはすなわち、英語版Googleを使っていれば、Googleの進化のメリットをリアルタイムで享受できることを意味します。

ここに情報検索以上の格差が生じることは、あえて言うまでもありません。

本書を執筆している時点でも、アメリカのGoogleにあって日本のGoogleにはまだないサービスがいくつもあります。

たとえば、およそ七〇〇万のアメリカの特許の詳細が検索できる「Patents Search」や、Google VideoとYouTubeにあるすべての動画を検索できる「Video」といったサービスです。

こういったものをいち早く使っているかどうかで、入手できる情報のみならず、ビジネスそのものに差がついていくのです。

この現象は、ビジネス以外の日常生活にも波及します。ヤフオクだけを見てネットショッピングをしている人とebayをチェックしている人では品数が桁違いですし、ebayで商品を出品している人は顧客が世界中にいるので、マーケット規模がまったくちがいます。SNSやブログも、日本だけのコミュニティにとどまらず、世界中のコミュニティとつながったほうが趣味も楽しみ方も広がるでしょう。

昔は、海外にいる人と連絡を取ろうと思えば大変な手間がかかりました。

手紙かテレックスかファクスといった「大仕事」はメールに変わり、料金の心配をしていた国際電話のかわりにSkypeを利用することもできます。インスタントメッセンジャーを使えばチャットもできる、カメラをつければ顔を見ながら会話ができる時代なのです。

コミュニケーションが便利になり、世界中を相手にビジネスをするのが普通になれば、「当社は日本だけでがんばっています」という会社は、圧倒的に不利です。「日本一を目指す！」と言いながら絶対に東京に進出せず、地元の顧客限定で商売しているお店のようなもので、いずれ淘汰されてしまうでしょう。

外資に買収され、上司や同僚が外国人という事態が生じなくても、取引先が日本以外の企業というのが当たり前になれば、言葉ができるかどうかで会社の中での個人の成果も変わってきます。

これから就職する若い人はもちろん、三〇代、四〇代のビジネスパーソンは、もはや英語から「逃げられない」世代です。

英語とＩＴは必須ですし、ともにマスターしてリターンを倍増させるべきですが、ＩＴによって英語を、英語によってＩＴを学ぶこともできるので、両方を効率よく勉強すれば、努力の過程でもレバレッジが効きます。

CHAPTER2

レバレッジが効く思考法に変える!

「偏った英語」でレバレッジポイントを目指せ!

033-060

「生」という文字の読み方が70通りもあるような日本語の難しさからいえば、本当にたいしたことはない。それなのに何故日本語よりも簡単な英語が出来ないのか、私には不思議でならない

藤田田

「正しい英語」を話そうとしてはいけない

大学卒業後、外資系企業に就職。
その後、ＭＢＡ取得のためにアメリカのビジネススクールに留学。
大学生の頃から、いずれハワイに住もうと決意していた……。

取材を受ける際など、こんなプロフィールを見た人から「もともと英語が得意なのでしょう?」と聞かれることもありますが、プロローグで述べたとおり、それは誤解です。

二六歳までのわたしは、「まったく英語ができない人間」でした。

新卒で就職したのはたしかに外資系企業で、まわりに英語ができる人が多くいました。例外的に少人数、しゃべれない社員がいた――わたしはその一人でした。

入社試験は英語での面接もあり、「あなたの長所と短所を言ってください」といった簡単な質問をされましたが、問いの意味はわかっても、肝心の英語の答えが出てきません。

仕方なく「今は英語ができませんが、入社までに徹底的に勉強して、話せるようになります！」と日本語で押しとおし、なんとか乗り切りました。

入社後、配属されたのは国内営業。英語をしゃべれるようにはなっていませんでしたが、仕事をこなすことはできました。

たまたま営業成績が良かったため、やがて「インターナショナル・セールス・フォース」というアメリカ本社と直結した仕事も担当することになりました。

外資系に就職したのはいずれ海外でビジネスをしたかったからで、異動はチャンスといえます。しかし、わたしは戸惑いました。

もっと率直に言えば、英語に対して恐怖すら感じていたのです。

今から思えばバカバカしい話ですが、海外からの電話を受けると、「Hello……」と聞こえてきた瞬間、無言で切ってしまうありさまでした。

――流暢《りゅうちょう》に話せる同僚に、たどたどしい英語を聞かれるのが恥ずかしい。

――文法や発音を間違うのではないかと思うと、怖くてしゃべれない。わたしはそんな思いにとらわれてしまい、「Hello」の一言すら、発せなくなってしまったのです。

同期でいちばん最初に海外出張に行かせてもらったときは、先輩に「セールストークの英文シナリオ」をつくってもらい、丸暗記して臨みました。

先方は、いろいろ断りのエクスキューズを言っていたようですが、当時のわたしにネイティブの言葉が聞き取れるはずもありません。

時おり一部がわかっても英語で切り返すことは不可能なので、ひたすらシナリオどおりの営業トークを繰り返しました。

いくら断ってもマシンのように売り文句を言い続けるわたしに根負けしたのか、二社くらいから契約が取れた――という、棚ボタ的なおまけはありました。

そうはいっても、なんともお粗末な状況に変わりはありません。

こんな体験の持ち主は、おそらくわたしだけではないと思います。

なぜなら、ほとんどの日本人は、中学から大学までの授業や受験勉強を通して、「間違えてはいけない」という強烈なプレッシャーをかけられています。

テストというのは〇か×かで、中間がありません。その結果、多くの人が「完璧であれ！」という呪縛《じゅばく》にとらわれ、英語を話す回路がロックされているのです。

しかし、わたしが言うまでもなく、リアルワールドにおいて「正しさ」というのは絶対条件ではありません。

ネイティブであるアメリカ人でさえ、文法的に間違って話していることは往々にしてあります。前置詞がひとつでも違っていればテストは「×」ですが、実際の会話では、意味さえちゃんと通じれば「〇」なのです。

英語を自由に話したいのなら、まず、「正しい英語を話す」という思い込みを捨てることです。

「間違えてはいけない」というのは、学生時代に刷り込まれた受験のルールであり、実際のビジネスパーソンのルールではないと認識しましょう。

メンタルブロックが外れた瞬間、レバレッジポイントが訪れる

海外出張や日常業務で英語ができないことを痛感した二〇代のわたしは、それでもなお、「ハワイに住みたい、そのためのステップとして、留学してMBAをとりたい」と考えていました。自分なりに一生懸命、英語を「勉強」してもいました。単語を覚えたり、リスニングをしたり、英会話スクールに通うといったことです。

それでもなかなか「しゃべれる」ようにはなりませんでした。

アメリカに留学した頃には、聞き取る力は少しずつついてきていましたが、依然として話すことは苦痛でした。クラスメートから話しかけられても、曖昧《あいまい》に言葉を濁すことが多かったのです。

失敗は許されないという思い込みが上達の邪魔をしていたのでしょう。

「間違えたらどうしよう」
「うまく話せないと恥ずかしい」

こういった否定的な思い込みを、「メンタルブロック」といいます。英語を話すためには、英語に関して自分にはどのようなメンタルブロックがかかっているか知り、それを一つ一つ、解いていかなくてはなりません。

わたしの場合も、懸命に「勉強」してインプットを続けたにもかかわらず、英語をしゃべれなかった原因は、メンタルブロックにありました。

「正しい英語を話さなくてはいけない」というメンタルブロックを外すのは、そう簡単なことではありません。

しかし、ある出来事によって「考え方」が変わったために、正しく話さなくてはいけないというメンタルブロックが外れ、わたしは英語がしゃべれるようになりました。

それは、留学先のあるレストランでの出来事でした。

移民と思われるウエイターが、オーダーを取りに来ました。英語が苦手なわたしが聞いても、彼が話すのは無茶苦茶な英語で、文法も発音もいい加減なものでした。

それでもちゃんと意味は通じているし、恥じる様子はみじんもありません。考えてみれば当然のことで、彼はそれで立派に生計を立てているわけです。

——正しい英語など、話さなくていい。自分は勉強不足で英語がしゃべれないのではなかった。メンタルブロックがかかっていたから、英語でコミュニケーションが取れなかったのだ！

多少、間違っていても通じるのだと気づいた瞬間、わたしにも英語が話せるようになる「レバレッジポイント」が訪れました。

つまり、「英語を話す回路」を閉ざしていたメンタルブロックが外れ、それまでインプットしてきた蓄積がアウトプットできたというわけです。

その際のアウトプットは決して高度なものではありませんでした。ちょっとした挨《あい》拶《さつ》程度のフレーズを口にして、ちゃんと通じたということだったと思います。

しかし当時のわたしにとっては、これも十分な成功体験でしたし、レバレッジポイントとなったのです。

脳科学者の茂木健一郎さんは、『日本経済新聞』二〇〇八年三月一〇日付で、「達成できると、脳内でドーパミンという報酬物質が出て脳が喜び、直前にやっていた行動回路が強化されます。『強化学習』といって物事が上達するコツです」と述べています。

メンタルブロックとブレイクポイントの関係

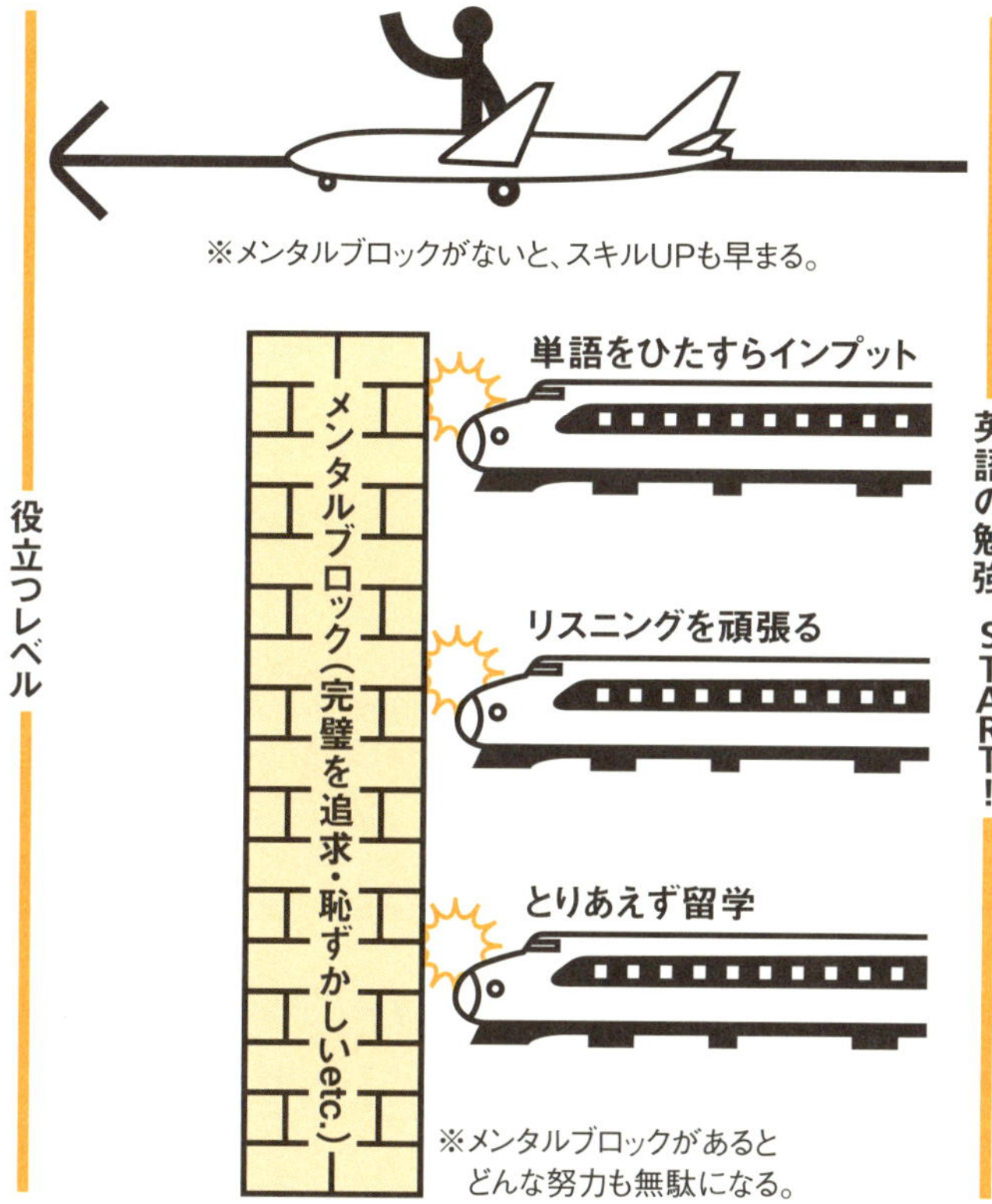

メンタルブロックを外し、ちょっと話して通じるというのはまさにこれです。

わたしの場合、ずいぶん回り道をしましたが、本書ではもっと効率よくメンタルブロックを外す方法をお伝えしていきたいと思います。

メンタルブロックがかかったままだと、努力にレバレッジポイントが訪れないどころか、いくら勉強してもムダになるのです。

子ども以下の初歩的な会話が「恥ずかしさ」を消し去る

多くの日本人は、中学生から六年間、英語を勉強しています。

「ありがとう」を英語でなんというかは、小学生でも知っています。

それにもかかわらず、英語をしゃべるとなると、とたんに口がロックされてしまうのは、なぜでしょう?

なまじ「知っている」ということが足かせになっているのではないかと、わたしは思います。

まったく勉強したことのない言語が使われている国、たとえばタイに旅行に行くとします。ガイドブックに「こんにちは＝サワディー　カ」と載っていれば、これくらいは覚えておこうと思うものです。

多くの人は、発音が訛《なま》っているのではないか、「サワディー　カ」を「サバディーカ」と言い違えたらどうしようかなどと心配しないでしょう。覚えた単語を気軽に口にして、たとえ間違っても「恥ずかしくてたまらない」とは感じないでしょうし、通じたら素直に嬉しいはずです。

このように、英語圏でない言葉なら、勉強していないため、○×にとらわれずに楽しく使うことが可能なのです。

逆に言うと英語の場合、「勉強したからには、きちんと話さないと恥ずかしい」と多くの日本人が思っていることになります。

勉強というのは前項で述べたとおり、正しさを追求する性質があります。そのため、どうしても理想主義になってしまうのでしょう。

しかし、ビジネスや実際の社会生活には五割、六割の成果で十分なことが多いうえ、完璧を求めて何もせずにゼロでいるより、三割の出来でも行動したほうがはるかによいというのがセオリーです。

「恥ずかしい」というメンタルブロックを外すのも、英語を話すためには重要なポイントとなります。

そのためには頭で考えず、とにかく英語を口にしてみることです。

どんなに初歩的でもバカバカしいほど簡単なことでも、素直に言ってみるといいでしょう。相手が「Hello」と挨拶してきたら、こちらも「Hello」と返すだけでもいいのです。

「英会話スクールに行ったり、リスニングしたり、コツコツ英語を勉強してきたのに、いまさらそんな初歩レベルのことをしろというのか？」とバカにされたように感じる人もいるでしょう。

しかし、まずは「恥ずかしい」というメンタルブロックを外さなければ、さらに上のレベルの英語をしゃべることなど、不可能です。

繰り返しになりますが、コツコツ積み重ねてきた勉強という蓄積は、メンタルブロックを外さなければ、一生、含み資産のままで決して生かすことはできません。

しかも恐ろしいことに、その含み資産は使わずにいるとどんどん目減りしていくのです。

「この歳では遅い」という思考停止グセから脱出する

英語が話せるようになる人と、ならない人の決定的な違いがあります。
それは、考え方のクセの違いです。

「わたしは〇〇だから、できないんです」
このように考えるクセがある人は、英語を話したいと思っても、永遠にレバレッジポイントを迎えることはできません。

「転職したばかりだから、自分で時間をコントロールできない」
「もう歳だから、若い人のように記憶力が良くない」
「独立して事業をしているわけじゃないから、自由が利かない」

何かしようと思うとき、できない言い訳から考えるクセがある人は、とても危険です。最初からできないと決め付けてしまえば、その時点で何もかもがストップしてしまうのです。

これをわたしは、「思考停止グセ」と呼んでいます。

このクセが抜けないと、英語のみならず、最終的には人生全般において、何もできなくなります。

どんなに優れた起業家も、最初は普通の人です。

英語をモノにした人のなかにも、最初はさっぱりしゃべれなかったという人はたくさんいます。

彼らがその他大勢から一歩抜け出せたのは、資産があったからでも、留学したからでもありません。

何かやろうと思ったとき、「できない言い訳」ではなく「どうしたらできるか？」と考えるクセをもっていたから――ただ、それだけのことです。

わたし自身、英語を話せるようになったのも、ハワイでビジネスをやるという夢を実現できたのも、サラリーマン時代から「どうしたらできるか？」と考え続けてきたからだと実感しています。

英語を話す第一歩を踏み出すためには、メンタルブロックを外し、思考停止グセから脱出するステップが欠かせません。

「忙しくて英語などやる時間がない」という思考停止グセを、「どうやったらできるか？」と自分で采配《さいはい》する自己コントロールグセに変換していきましょう。

つまり、上司や取引先に振り回されるのではなく、いくら忙しくても、自分の時間や自分のやることは自分で決めるという考え方です。

具体的には、仕事が忙しいときは「だったら毎日、三〇分だけ英語を勉強するというのはどうだろう？」と折衷案を出し、「どうやったら毎日三〇分を捻出《ねんしゅつ》できるか？」と建設的に考えるクセに変換するということ。

「若い頃ほど記憶力が良くないから、それをフォローする効率よい記憶法はなんだろう？」と考えれば、「この歳では英語なんて無理」とあきらめた人より、確実に一歩前進できます。実に単純な理論です。

自分でコントロールしようというアクティブな考え方のクセをもっていれば、行動できます。行動すれば、たとえ小さな積み重ねでも、必ずブレイクポイントは訪れます。レバレッジポイントが訪れたとき、先の茂木健一郎さんの説を見てもわかるとおり、語学のみならず、人の能力は飛躍的に伸びるのです。

ひとつ注意したいのは、思考停止グセをやめて前進することと、「英語を勉強しよう！」と気合を入れて根性で頑張ることを混同しないこと。

「英語ができないままでいると格差が生じる！」という危機感はもつべきですが、何かをやるときは、モチベーションという「気持ち」に頼ってはいけません。

「こうなりたい」という強い目的を明確にし、どうすればそれが実現するかを論理的に考え、あとは習慣のように淡々とこなしていくのがコツです。

「ペラペラでない英語」こそ世界の主流だと知っておく

身近に、「日本語を話すアメリカ人」がいるとイメージしてみましょう。

その人が言い回しを間違えても、「おかしな日本語だ！」と非難しないはずです。

「一生懸命に日本語を話しているのだから聞いてあげたいし、こちらもゆっくりしゃべろう」というのが、普通の人の反応です。

こう考えれば、英語のネイティブスピーカーに対して必要以上に身構える必要はないとわかります。イヤな態度を取る人もいますが、あくまで少数派です。

ネイティブスピーカーは、外国人に「完璧な英語」など求めていません。

この事実を認識すれば、少し気が楽になるでしょう。

それでも「完璧主義」というメンタルブロックが外れない人に、ちょっとしたデータを紹介したいと思います。

二〇〇六年のセンサスというアメリカの国勢調査では、家庭で英語以外の言語を使っている「ノンネイティブ」は国民の一九・七パーセント。アメリカ人の約二割が、英語以外の言葉を母国語としているのです。彼らのアクセントはスペイン語なまりだったりしますし、文法にしても、決して完璧なものではありません。

全世界でみても、英語を公用語としている国はたくさんありますが、それぞれシンガポール風の英語、フィジー風の英語といった具合になります。

『週刊エコノミスト』二〇〇八年三月一八日号には、「シリコンバレー住民の四八パーセントが家庭では英語以外を話している（ジョイント・ベンチャー・シリコンバレー二〇〇七年統計より）」という記事がありました。

『世界が変わる・会社が換わる・社員も替わる』（リチャード・スケース著、オープンナレッジ）には「ロンドン居住者の二七パーセントは外国人であり、サービス業に関わる人の七六パーセントは英語が母国語ではありません」とあります。

「ペラペラで完璧な英語」は、もはや世界の主流とはいえないのが現実なのです。

この状況で日本人が「完璧なLとRの発音」にこだわっても無意味でしょう。「間違った高レベル」を目指してしまうと、英語を勉強すればするほど、話せるようにならないというジレンマに陥ります。

「英語のインプット」をしすぎると、レバレッジがかからない

これまでの「レバレッジ・シリーズ」でわたしは、「日本のビジネスパーソンはアウトプットするばかりでインプットが少ない」と述べてきました。

仕事というアウトプットには一日一〇時間近く費やしているのに、学習・研究にあてている時間は一日わずか一〇分程度という総務省のデータがあるほどです。

しかし、「英語」という分野にフォーカスすると、事情は正反対といえます。

日本のビジネスパーソンは、英語のインプットばかりが多すぎて、アウトプットがまったくできていません。

これがメンタルブロックと並ぶ、「いくら英語をやっても話せるようにならない二大元凶」といえます。

今は幼稚園くらいから英会話スクールに行く子どももいるようですが、わたしたち大人も、中学、高校時代だけでも六年間、みっちり英語を習っています。

さらに受験勉強で徹底的に単語や文法を覚えますし、大学の一般教養課程でもやります。

これだけでもかなりの量のインプットですが、使い道といえばテストや入試だけ。本質的なアウトプットはなされないままです。

やがて大人になってから、仕事や海外旅行がきっかけで英語を話したいと思うと、多くの人はさらなるインプットに励みます。

ひたすら英語のCDを聞く人、無数にある「教材の海」に飛び込む人、英会話スクールに通う人——インプットの方法はさまざまですが、実際「話す」というアウトプットがないという点では皆、同じです。

お金にたとえて言えば、何に使うかという目的もなく、いくら貯まればゴールなのかという目安もなく、蓄財の方法すらはっきりしないまま、ひたすら貯金を続けようとしているようなものです。

出口がなく詰め込むばかりでは、なんのためにやっているのかが見えなくなり、挫《ざ》折《せっ》するのは当然でしょう。

もちろん、インプットすることは無駄ではありません。しかし、貯め込んだ分が自動的に自分資産になるかといえば、答えはＮＯです。

英語の勉強は自分資産づくりですが、厳密に言うと「アウトプットなしのインプット」は、「含み資産」にすぎません。能力が眠っている状態です。

勉強というインプットで蓄えたものを、話す・使うという行為でアウトプットしたとき、「含み資産」が顕在化して「資産」となります。

そのとき初めて、そのスキルを投資したり、ビジネスにレバレッジをかけてリターンを取ることができるのです。

「高いお金をかけて教材も買ったし、英会話スクールにも通った。だけど全然、英語がしゃべれない！　なんてダメなやつなんだ」

あなたがもし、こんなフラストレーションを抱えているのなら、責めるべきは自分ではなく、「勉強」のやり方です。

従来の勉強法のインプットは、いくらやっても話せないレバレッジが効かない方法が多かったのです。どうせインプットするなら本当に効果的なやり方を選びましょう。

そのうえで、インプットだけに必死にならず、アウトプットを上手に組み合わせた

勉強法を知れば、必ず「英語が話せるようになった」と実感できるのです。

たとえば野球でも、小学校一年から高校三年まで試合に出ることなく、ひたすら基礎練習だけして、いきなり高校野球の大会に出場したらどうでしょう。

いくら素質があって真面目にトレーニングを積んでいても、そのチームは絶対に勝てません。緊張でガチガチになるでしょうし、本番の勘所もわかりません。その経験が「自分はダメだ」というメンタルブロックを強化する原因になり、次の試合にも負け続けるという悪循環が生まれます。

最初は同チーム内での紅白試合、やがては近隣のチームとの練習試合というように、ささやかなものでも「アウトプット」のトレーニングを積まないと、本番の試合で戦えるような本当の実力はつかないのです。

アウトプットのいいところは、「失敗」という最大の学びを経験できることでもあります。

間違えれば何が悪いのかがわかりますし、経験を重ねれば度胸もつきます。

他の選手に接したら、「あんなに優秀な人でも、ヒットは三割なんだな」というように、視野が広がるのです。

「恥ずかしい」

「間違えてはいけない」

こういったメンタルブロックが外れたら、ひたすら間違ったインプットに明け暮れるという間違った勉強——報われない努力——を、きっぱりやめる決意をしましょう。

これが新たなスタートラインとなります。

そのうえで、次章から最小限の労力で最大限のリターンを取る「レバレッジ英語勉強法」について解説していきたいと思います。

偏ったやり方を仕組み化すると必ず話せるようになる

レバレッジ英語勉強法は、わたしが実践的に構築したものですが、「この方法は自分以外の人にも役立つ！」と確信したからこそ、本書を執筆したともいえます。ここで実例を紹介しておきましょう。

日本ファイナンシャルアカデミー株式会社代表取締役の泉正人さんは、わたしのビジネスパートナーであり、友人でもあります。

泉さんは日本初の商標登録サイト「トレードマークストリート」を立ち上げたあと、ファイナンシャル教育の必要性を感じ、日本最大の独立系ファイナンシャル教育機関、日本ファイナンシャルアカデミーを設立しました。

不動産投資ポータルサイト、ネットカフェなど五社の経営を行うと同時に、自ら不動産投資を行い、そのノウハウを多くの人に伝えるべく投資の学校で講演活動も行っている、第一級のファイナンシャルのプロです。

　著書『最少の時間と労力で最大の成果を出す「仕組み」仕事術』（ディスカヴァー・トゥエンティワン）はベストセラーになりました。

　泉さんは抜群のビジネスセンスを生かして「ＪＢＮ（在留邦人ビジネスネットワーク）」の設立にも参画し、世界各地で活躍する日本人起業家・ビジネスマンを支援するため世界各国でセミナーを開催しているのですが、英語が話せません。

　中学卒業後、美容師としてのキャリアを選んだ彼は、受験を経験した平均的日本人よりインプットが少なく、知っている単語も限られていました。


　英語の必要性を痛感している彼にアドバイスを求められたわたしは、「投資ビジネス」という偏った範囲で、単語を一〇〇、言い回しを二〇、覚えるようにすすめました。興味分野なら長続きしない性格の彼でも大丈夫だと思ったのです。

　具体的には『金持ち父さん　貧乏父さん』（筑摩書房）で知られる投資のカリスマ、ロバート・キヨサキさんのネットコラムがあるので、それを読んでファイナンシャルという偏った範囲の単語や言い回しをインプットする作業になりました。

　アウトプットとしては、週二回、マンツーマンの英会話レッスンを受けてもらうことにしました。このとき注意してもらったのが講師選びです。最初に紹介された講師は映画好きだったのですが、泉さんはまったく映画に興味がありません。それでは続かないので、「投資に興味がある英語講師」を探し出しました。

同時に、ロバート・キヨサキさんの講演ＤＶＤを、暗記するまで繰り返し聞くように言いました。当然、彼のフィールドの話なので、英語力が足りない分は、ビジネスの知識がフォローしてくれると考えたのです。

たった一枚とはいえ、毎日暗記するほどリスニングした泉さんは、そこで覚えた言い回しを英会話スクールで使ってみるということもしました。

これに基本的な言い回しのインプットを加え、スタートから三ヵ月後、泉さんは海外旅行に行きました。「腕試し」と「ごほうび」をかねた会話の実践です。

この際、泉さんが味わったのは、「いままではホテルでキーを受け取ることすらできなかったのに、ちょっとしたやりとりが通じた！」という嬉しい成功体験だけではありませんでした。

なんと、現地の企業訪問で積極的に質問をしたり、ディスカッションで発言できるようになったのです。

最初に英語勉強法のアドバイスを求められたときは、「まったく英語をしゃべれず、話す気もなくあきらめていた泉さんでも、三カ月みっちり偏った英語を勉強すれば、レストランの予約くらいできるようになるだろう」と予想していました。

しかし三カ月後、ビジネスでコミュニケーションをとっている彼の姿を目にしたときは、衝撃が走りました。

もちろん、泉さんは長い構文を話しているわけではありません。単語をつなげた程度のシンプルで短い言い回しを駆使しているのですが、ここが話せるようにならないと前に進めません。逆に言えば、ここができたということは、メンタルブロックが外れて、今後、どんどんスキルがアップしていくのです。

わたしのこのときの驚きは、本書を執筆する動機ともなりました。

帰国後の泉さんは、基礎的な単語など、これまでの勉強で欠けていた部分が具体的にわかり、勉強がさらに効率良くなったそうです。

今も泉さんはレバレッジ英語勉強法を継続しています。彼の勝因は、偏ったやり方を仕組み化し、素直かつ徹底的に実践したからでしょう。

みなさんにも彼――そしてかつてのわたし――と同じレバレッジポイントを迎えていただくために、次章から細かく勉強法をお伝えしていきます。

CHAPTER3

「無駄な投資」をしていないかチェック!

「従来の勉強法」を「レバレッジ勉強法」に切り替える

061-084

これからの数十年にわたって、知識労働者として活躍する人としない人、知識経済において反映する組織としない組織の差は歴然となる

P・F・ドラッカー

「目的地」を決めずにスタートを切ってはいけない

――思い通りに話せず、もどかしい思いをした海外旅行から帰った直後。

――仕事で英語が必要になり、スキルアップしたいと痛感した日。

きっかけはさまざまですが、「英語をマスターしたい！」と決意すると、すぐに勉強を始める人がいます。

しかし「英語をマスターしたい」というのは動機にすぎず、目的ではありません。「英語を話せたほうが便利そう」というのも同じです。

漠然としたイメージしかもたずにスタートした人は、挫折を繰り返します。

英会話スクールに通い始めた動機についてアンケートをとったところ、「英語を話せたほうが便利そう」という回答が六割にものぼったという、驚くべきデータがあります。

目的なしで漠然とスタートしている人が半分以上いるとすれば、いくら英会話スクールに通っても話せない人がたくさんいるのも不思議ではありません。

とことんリアルでなければ、目的とはいえないのです。

英語を勉強する具体的な目的の例を挙げれば、次のようなものがあるでしょう。

①同時通訳・翻訳者など英語のプロフェッショナルになりたい。
②英文学または英語学の研究者になりたい。
③ネイティブ並みに読み・書き・話せるようになりたい。
④自分がかかわっている分野のビジネスで不自由しない程度にコミュニケーションを取りたい。
⑤海外旅行や遊びで楽しめる程度にコミュニケーションを取りたい。
⑥TOEICの得点を上げたい。

もしも①から③があなたの目的であれば、プロローグで述べたとおり、残念ながら本書は役に立ちません。より専門的かつ特殊な方法で、長期的な努力を続けていただいたほうがいいでしょう。

レバレッジ英語勉強法が活用できるのは、④あるいは⑤が目的という「英語を話してコミュニケーションを取りたい」人たちなのです。

目的というのは、紙に書くくらいきちんと意識しないとぼやけていきます。

その証拠として、⑥の「TOEICの得点をあげる」について説明しましょう。

得点は数値化できるため、かなりリアルな目的だと錯覚してしまいますが、実は間違った目的です。「間違った」というより、⑥は目的ではないのです。

TOEICとは、英語を勉強する際の「マイルストーン」、あるいは転職・昇進に役立つ「ラベリング」のひとつにすぎません。このように割り切り、目的と混同しなければ、それなりに有効活用できます。

しかし、なんの意味もなく「英語を勉強する目的はTOEIC九〇〇点だ！」と決めても、途中でイヤになってしまうでしょう。必死で達成しても、「九〇〇点を超えたが、英語がまったく話せない」などという人すら少なからず存在するのです。

①から⑤の例を参考に、できる限り具体的に、自分の「英語をマスターする目的」を考えてください。

冷静に「今」を見極め、「近い将来」のレベルを決める

ごく当たり前の理屈ですが、目的によって手段は変わります。

比喩《ひゆ》的に言えば、目的地が冬のエベレストか春の高尾山かで、服装も装備も心構えも異なるようなものです。

冬のエベレストという目的が同じでも、プロの登山家と高校の山岳部というようにレベルが違う場合、準備の仕方も、所要日数もまるで変わってくるのが普通です。

ところが、英語となるとたいていの人は、目的地を決めないばかりか自分のレベルも無視して、いきなり勉強法を決めてしまいます。

自分のレベルがわかっていないと、プロ級の最高峰を目的としてしまい、相当な実力がないとついていけない高レベルの勉強法を選ぶといったケースも生じてきます。

これは、素人が普段着のままエベレストに登り始めるのと同じ行為です。いくら意

志が強い人でも、途中で途方に暮れ、くじけてしまうのは当然です。

「すごく役立つと聞いたことがある」

「誰かがやっているらしい」

安易な発想で選んだ英語勉強法に、ためらいもなくお金と時間を投資して、結局どちらもムダにする——このようななんとも空《むな》しい結果になってしまいます。

挫折すると、英語が苦手というメンタルブロックが強化されるばかりか、「自分はダメだ」という心のダメージまで加わるので、損害は大きいのです。

こんな失敗を繰り返さないためにも、レバレッジ勉強法を始めるにあたって、まず目的を明確にし、次に自分に本当に合ったレベルを設定しましょう。

「英語には三つのレベルがある」というのがわたしの持論です。

①プロレベル
②役立つレベル
③楽しむレベル

「オリンピックレベル」というのは、先ほどの目的でいえば同時通訳や翻訳者、英文学者などが該当します。ネイティブ並みに話すというのも①に近いでしょう。

中学・高校の英語や従来の英語勉強法とは、ゴールをオリンピックレベルに設定しています。そのため多くの人が、好むと好まざるとにかかわらず、自分に合わない高いレベルでインプットせざるを得なかったのです。結果として多くの日本人が、いくら勉強しても英語を話せないまま終わる、という現象が生じました。

そこで本書が目指すのは、②の「役立つレベル」ですが、ほとんど英語を話したこともなく、使う機会もなかった人がいきなり②を目指しては失敗します。

最初は挨拶や自己紹介ができるようになる、英語を話す際に、怖くて詰まってしまうことがないようにする、などの③の「楽しむレベル」からスタートすべきでしょう。

たとえば、ずっと英語を勉強してきたが、今の時点で、話す・使うといったアウトプットの経験がない人は、③の「楽しむレベル」から始める。

そこをマスターしたら②の「役立つレベル」を目指す。

今すでに英語を使っており、「楽しむレベル」はクリアしているが、仕事となると自信がないという人は、②の「役立つレベル」を目指す。

このように目的とレベルを明確にしたら、さらに具体的な英語勉強法にフォーカスしていく作業に入ります。

従来の英語勉強法にある「七つのウソ」を見抜け！

レバレッジ英語勉強法の実践については「Chapter 4」以降で詳述します。

その前に、「目的とレベルを明確化する」というシンプルな確認作業を怠ったため、多くの人が「従来の勉強法」に取り組んで失敗するパターンについて言及しておきましょう。

同じあやまちを繰り返すという、わたしがなにより忌み嫌う「ムダ」を避けていただきたいからです。

ウソ①　AFNを聴くなど「英語のシャワー」を浴びる

「毎日、英語のニュースを聞いていれば、耳になじんで自然にマスターできる」

こんな説を信じて、かつてはFEN、今で言えばAFNなど、アメリカのラジオ放送をひたすら聞くという勉強法を選んだことがあるかもしれません。

しかし、興味のない内容の放送をつけっぱなしにするというのは垂れ流しであり、頭に残ることは絶対にありません。ただBGMのように聞いていても、わからないものは永遠にわからないままです。

仮に日本語で、裁判所の判例記録をえんえんと読み上げるラジオ放送を聞いていたとして、はたしてそれを理解できるものでしょうか?

興味がないものは引っ掛かりがないので、脳を素通りしてしまいます。

AFNというのは、ある程度のレベルの人でも、自分に関心がない内容は聞き取れない単語数で構成されています。

「楽しむレベル」に一歩踏み出したばかりの人が、いきなりAFNのリスニングにトライしても、小鳥のさえずり程度にしか残らないものです。

ウソ②　英語のテレビドラマや映画を字幕なしで見る

「海外ドラマや映画が好きだから、楽しみながら英語を覚えられて一石二鳥」といううたい文句もよく聞きますが、これも大いなるウソ。

字幕なしで理解できるというのは、同時通訳の次くらいの高いレベルです。

「全然しゃべれないし、ヒアリングもおぼつかない……」という人が、いきなり戸田奈津子さんに挑戦しようというのは、無謀な行為でしかありません。

さらに『ER』のような医療現場を舞台にしたドラマや、最近人気の『24』などは、日本語で聞いてもとっさにはわからない特殊な用語が頻発します。『フレンズ』といった青春コメディにしても、トレンドの話し方などをチェックしたい上級者にはとてもいいのですが、初心者向きとはいえません。

ウソ③　とにかく英会話スクールに行く

「先生がネイティブだし、聞く・話すといったアウトプットが同時にできる！」

これはもちろん真実ですが、漫然と英会話スクールに通って英語を話せるようになった人を、わたしはいまだかつて見たことがありません。

英会話スクールというのは使い方を間違えると、単なる「おけいこの時間」にしかなりません。

通常はマスを対象とした広い範囲のテキストを使っているため、レバレッジが効きません。

グループレッスンとなれば、「発言のチャンス」という少ない割り当てを数人の生徒が分け合うことになるので、厳しくいえばお金と時間の無駄です。

問題はパッシブ（受け身）に授業を受けていることにあるので、本当に効く英会話スクール活用法については、「Chapter 5」で解説します。

ウソ④　まずはＴＯＥＩＣを受けてみる

ＴＯＥＩＣや国連英検というのは、英語をマスターするためのマイルストーンであり、高得点＝英語マスターという式は決して成り立ちません。

いきなり受けてみて点が取れず、がっかりしてやめてしまう人。

頑張って受け続けても点が上がらず、挫折する人。

努力の末、得点は徐々に上がっても、英語のスキル自体は伸びない人。

こういった失敗パターンに陥らず、どのようにＴＯＩＥＣを役立てればいいかについても、「Chapter 5」で解説します。

ウソ⑤　単語力をつければリスニングもスピーキングもＯＫ

「とにかくボキャブラリーが少ないから、聞き取れないし話せないのだ」

このように思い込んで、単語を覚える人も多いようです。

「まずは単語を三〇〇〇覚えよう。五〇〇〇になれば相当に理解度が進む」

しばしばこんなふうに言われたりもします。

あながち間違いではありませんが、闇雲《やみくも》にやるのではレバレッジが効かない勉強法になってしまいます。

どのような単語を三〇〇〇覚えるかで効果が違ってくるのに、辞書のAから順番に覚えていったり、受験勉強で使うような単語テキストを選んでいてはまったく意味がありません。

しかも、一つの単語に五つ程度の意味があることも多いため、五〇〇〇個の単語を覚えるつもりが二万五〇〇〇個の記憶を要求されることになり、音をあげてしまう結果となるのです。

レバレッジ英単語暗記法については、「Chapter 4」で説明します。

ウソ⑥　中学一年に戻ったつもりで文法の教科書からスタート

「本当に英語が苦手なのだから基礎からやりなおそう」いう心がけは立派ですが、これまたレバレッジが効いていません。

多忙なビジネスパーソンには、トコトン遠回りをする時間などありません。仮にゆとりがある人でも、遠大な道のりですから、次第にイヤになってしまいます。少なくとも、わたしと同じ怠け者タイプの人には無理です。

そのうえ言葉というのは生き物で、日本でも、昔ではありえないような言葉づかいをする若い人がいるように、英語もどんどん変化を遂げています。

たとえば三人称単数形などきれいさっぱり無視し、「He don't」などと話すアメリカ人はたくさんいます。「Two beers please」などと、中学のテストなら「×」をつけられる言葉で、日常会話がかわされています。

「アメリカでも若い人たちは、面倒くさいからよく使う言葉を省略するのを好む。たとえば使役動詞の『make』のあとにつける『to』などは、つけないで言うのが普通になってきています」

『ドラゴン桜』に登場する英語講師のモデルといわれる竹岡広信先生は、このようにおっしゃっていたそうです。この風潮に逆らって非ネイティブの日本人が「正しい英語」を目指しても、無意味です。

「役立つレベル」のさらに先を目指す場合は、文法をおさらいすることも要求されると思いますが、いまの段階で重視する必要はありません。まず話したいという人は、「文法はすでに中学、高校で十分やった」と割り切ったほうが得策です。

ウソ⑦　思い切って留学する

「英語がしゃべれる人＝海外生活の経験がある人」

これは真実ではありますが、留学したら誰でもすぐにペラペラになるというのは幻想以外のなにものでもありません。

アメリカでもイギリスでも、語学学校にいるのはアジアやヨーロッパから来た「非ネイティブ」ばかり。海外で暮らしたといっても、結局は日本人同士で固まり、日本語ばかり話して終わった……という結果になりかねません。

留学するだけの時間とお金があれば、日本にいても、もっといろいろな勉強ができます。留学する際には、費用対効果を冷静に考えるべきでしょう。

「インプットとアウトプットを兼ね備えた勉強」として留学が効果を発揮するのは、役立つレベルを完璧にマスターしたあとの次のステップになります。逆にいえば、大学院などに留学するには、ベースがないとついていけないのです。

基礎をマスターし、目的を明確にしない限り留学は無意味だと認識しましょう。

三〇歳を過ぎて向こうの大学に入っても、実際にはキツイでしょう。

いずれにしろパッシブに授業を受けているだけでは、日本で英会話スクールに通っ

すべての努力が無駄になるNG勉強法

※すべて根拠もなく思いつきでやると、
スキルが身につかないばかりかお金と時間の無駄に。

ているのとなんら変わらないどころか、ドロップアウトにつながります。

「従来の英語の勉強」をストップし、「偏った英語の勉強」をスタートせよ

あなたが子どもか一〇代でない限り、「留学＝英語ペラペラ」というのは神話にすぎないという話をしました。

ところで大人の場合、一〇代の終わりか二〇代の初めに大学に留学した人と、二〇歳を超えてビジネススクールや大学院に行った人の英語はまったく違います。

大学は一般教養的なことまで幅広く授業があるうえ、卒業まで四年もかかります。学生は交友関係も広いので、話す英語の範囲も広くなります。話題が幅広くなるパーティなどでの雑談が得意なのは、大学に留学した人です。

一方、ビジネススクールや大学院の場合、少ない人数で、かなり絞り込んだ専門的な勉強を集中的にします。

範囲が限定されていて、もともと知識がある分野だからこそ、まったく英語がダメ

だった大人でも、英語での授業についていけるのです。

ビジネススクール出身者の場合、やがては自分の専門分野に関しては不自由なく英語が話せる、交渉も自在にできるという状態になります。

しかし、マスターしているのが狭い範囲の英語なので、パーティでの話題の幅広い世間話といったものは、得意でないケースが多いのです。

実はここに、レバレッジ英語勉強法の真髄が隠されています。

「**狭い範囲の偏った英語なら、短期間で大人でも話せるようになる**」という点を、見落としてはなりません。

「**偏った英語**」**を目指すこと**。**これが最小限の労力で**「**役立つ英語**」**をマスターする、キーサクセスファクターです**。

システムエンジニア、つまりSEの人について考えてみれば、もっとわかりやすいでしょう。わたしが見たところ、海外に留学あるいは駐在した経験がなくても英語が不自由なく話せる人は、ＳＥに多いのです。

ＩＴ用語というのはもともと英語からきています。近年、急速な発達を遂げた分野

「偏った英語」にフォーカスする

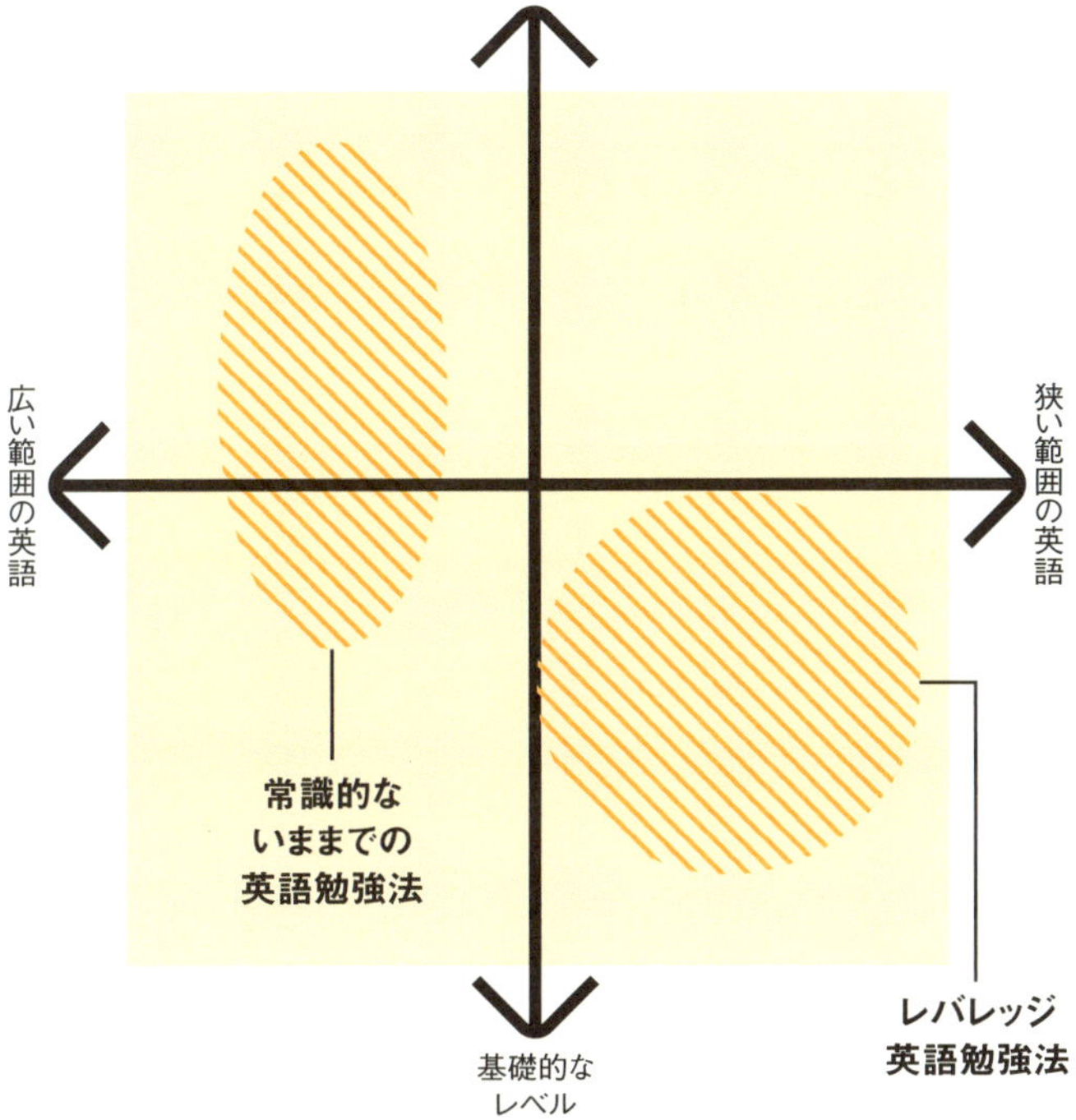

※基礎に集中し、範囲をせばめるとレバレッジが効く!

ですから、用語は日本語訳されず、英語のまま使われています。ＳＥは狭い範囲の必要な単語は、もともと知っていることになります。

つまりＳＥは「狭い範囲の深い専門知識」と「狭い範囲の必要な単語力」をもったうえで、「偏った英語」を勉強する。だから留学もしたことがない人が短期間で役立つ英語をマスターできる。――こういった理屈なのです。

さらに、ＩＴという分野特有の「共通言語」をもっているため、英語がよくわからない部分は、推測で補えます。

その結果、不自由なくコミュニケーションが取れるようになります。

料理人やスポーツ選手が海外で仕事する際、コミュニケーションに困らないのも、おそらく同じ理由からでしょう。

漠然と広い範囲の英語を勉強しようと思えば無駄が多すぎるうえ、膨大な努力を要求されるので挫折してしまいます。

自分の目的を定め、レベルを見極めたら、「偏った英語」を目指しましょう。

どこにでもある勉強法を自分仕様に変える

語学学習とダイエットは、実によく似ています。

「なんとなくよさそう」
「今、流行《はや》っている」

あまり深く考えず、次々と生み出される「新しい方法」を試してみるものの、効果は上がりません。結局、継続できなくて挫折し、また新しいやり方に飛びつく……といった悪循環になりがちです。

従来の勉強法の七つのウソについては説明したとおりですが、英会話スクールにしろＴＯＥＩＣにしろ、使い方を自分仕様にカスタマイズすれば、必ず成果につながります。リスニングや単語のインプットについても同じです。

逆に言えば「誰にでも合う英語勉強法」など、どこにもありません。

レバレッジ英語勉強法とは、「これさえ知れば、誰でもメキメキ英語が上達する！」という魔法の杖《つえ》ではないと、はっきりお断りしておきます。

最初のステップは、「Chapter 2」で述べたように、英語についての誤った「考え方のクセ」を変え、メンタルブロックを外すこと。

次のステップが本章で述べたように、自分の目的とレベルを明確にし、従来の勉強法をレバレッジ勉強法に切り替えること。

その先のステップは「カスタマイズ」です。

一見、どこにでもある勉強法を、一人ひとりが自分仕様に変えることで、本当に効果があり、レバレッジが効く英語勉強法が生まれるのです。

「偏った英語」を別の言葉で表すと、「あなたに特化した英語」となります。

中学生の場合、一人ひとりの生き方はたいして違わないので、広い範囲の一般的な英語を、全員が同じように学んでもいいでしょう。

しかしビジネスパーソンは、仕事の内容、趣味、人生観、英語のレベルも英語を話したい目的も、それぞれ違います。

それなのに広く一般的な「ビジネス英語」を学ぼうというのでは無駄が多すぎます。**やり方は人それぞれでいいのです。いや、人それぞれでないと効果が上がらなくて当たり前なのです。**


レバレッジ英語勉強法では「読み・書き・話す」のうち、日本人がいちばん苦手としている「話す」に重点を置きます。

話せるようになるためのツールとして、使っていただきたいと思います。


では、どうすれば、インプットばかりの英語勉強法から脱却して、アウトプットができるのでしょう?

中学時代からずっと勉強し、「含み資産」として眠っているあなたの英語を顕在化し、リターンが取れる「自分資産」に変換する方法とは、なんでしょう?

次章からカスタマイズのやり方について、具体的に説明していくことにします。

CHAPTER4

確実にリターンが取れる投資をせよ!

本当にレバレッジが効くインプットをする

085-122

1つのことを極めて
本当にうまくやるのが一番

グーグルが発見した10の事実

「遅効性の勉強」と「即効性の勉強」の配分を間違えてはいけない

英語を効率的に勉強するには即効性と遅効性という二つの種類に分けて考える必要があります。

「即効性」の勉強アイテムとは、偏った範囲の単語やフレーズのインプット。

たとえば、食べることが好きならレストランで使う単語、サッカーが好きならプレイに関する単語限定で覚え、次に関連する言い回しを限定して覚えます。

もともと知識がある分野に関して、範囲を絞って偏ったインプットをするので、すぐに頭に入ってくるでしょう。逆に言えば、むやみに時間をかけるとダレてしまい、効果も上がらないので、一気に集中してやってこそレバレッジが効きます。

即効性の勉強アイテムは、文字通りすぐに効果が上がるので、勉強のスタート時にチョイスしましょう。

即効性の勉強アイテムと遅効性の勉強アイテム

STAGE 1

【即効性のインプット】 80%はすぐ効果が出る勉強をする

- 偏った英単語（興味分野など範囲を極度にせばめる）　100単語程度
- 偏った範囲の言い回し　20フレーズ程度
- きっかけ語とあいづち語
- get、haveなどの使いまわし単語
- とっさの一言、使いまわしフレーズ
- 基礎構文を理解（中学レベルの教科書はNG）
- 自己紹介

【アウトプット】

- カスタマイズしたマンツーマン英会話
- 自己紹介をマスター
- 海外旅行、海外出張
- 共通の興味を持ち、英語を話す友人を見つける

即効性のインプットを試す場として使う

マイルストーンとしてTOEICを受けてもよい

【遅効性のインプット】 20%は基礎体力となる勉強をする

- リズム・アクセント・英文構造を理解するためのリスニングトレーニング
- 興味ある同じオーディオブックやCDを繰り返し聞く。

STAGE 2

- ボキャブラリイ・ビルディング
- リスニング
- 留学

レバレッジ英語勉強法をクリアしたあとに勉強しないと効果が出ない

食事のとき使う英語を覚えてレストランで使ってみるというように、インプットを即座にアウトプットに結び付けられるため、成功体験が味わえます。

従来の英語勉強法で失敗を繰り返してきた人は、「一〇年たてば効果が出るかもしれない……」という、範囲が広いうえに難しくて時間がかかる勉強アイテムから手をつけてしまうため、進歩している実感もわかずに、挫折してしまったのです。

遅効性の勉強アイテムとはリスニング。この勉強によって身につくのは聞き取るための力、リズム、アクセント、そして頭から理解していくという英文の構造を理解することです。

最初のうちは単語だけ並べて「話せる！」といった即効性のある小さな成果でいいのですが、永遠にそのままだとレベルが上がりません。話すときのリズムやアクセント、英文の構造を学んでこそ、英語の基礎体力がつくのです。

野球で言えば、バッティング練習のような即効性のものと、ウエイトトレーニングのような遅効性のものを組み合わせてこそ、強い選手となるという話です。

スタート時点では即効性と遅効性のアイテムの割合は八：二がいいでしょう。最初から遅効性の割合が多いと、ハードすぎて挫折につながるためです。

それぞれのやり方については、順に詳しく説明します。

「アウトプット」を基準に「インプット」すればムダがゼロに近づく

レバレッジ英語勉強法のいちばんのキモは、偏った英語を勉強すること。つまり勉強の範囲を極力、「狭く、狭く」絞っていくのです。

忙しいビジネスパーソンが短期間のうちに、最小限の労力で最大限のリターンを取るには、「狭く絞る」ことが重要です。

そのためにはアウトプットから逆算し、何をインプットするのかを決めます。

「やらなくていいことは、徹底してやらない！」と強く決意しましょう。

たとえて言えば、何も考えずにスーパーマーケットに行き、適当に材料を買ってから献立を決めるより、「今日はハンバーグとサラダ」と最初に決めて材料を買ったほうが、無駄がないのと同じです。

やり方としては、夏に海外出張に行くなら、現場スタッフとのミーティングの際、自分のチームプロジェクトの説明は自分でやるという「アウトプット」を決めます。そこから俯瞰《ふかん》逆算して、どんな単語や言い回しの「インプット」が必要かを考えます。

アウトプットは英会話スクールで先生と映画について話すといったものでもかまいません。

アウトプットを考える際、注意したいのが、あまりに「高く遠いもの」をイメージしないということ。

「五年後に海外で起業する」

このような高いレベルのものは「目的」であって、細分化しなければ具現しません。三カ月をめどに、できる限り狭い範囲のアウトプットをイメージしてください。

まだレベルが低いのに「海外出張でプレゼンを仕切る！」とはりきりすぎるのもNG。あせって成果を出そうと無茶をすれば、時間も労力もムダになります。

最初はすぐ成果が出る「小さく狭い範囲での偏ったアウトプット」から始めても、細い枝を集めれば大きな束になるように、英語力はいずれ確実にアップします。

英字新聞や文法は「切り捨てアイテム」と見なす

できる限り無駄をそぎ落とすために、「切り捨てアイテム」も決めておくことにしましょう。あれもこれも手を出しては、一点に集中することで生まれるレバレッジ効果が半減するからです。

レバレッジ英語勉強法のスタート時、絶対に避けるべきアイテムは主に三つ。

①英字新聞
②字幕なしの映画やニュース
③文法テキスト

今や『ニューヨーク・タイムズ』などはネットでも読めますし、英字新聞も気軽に入手できます。

しかし、英字新聞の英語を難なく読むというのは、独特の新聞用語があるのでハードルが高すぎます。

新聞という性質上、話題は多岐にわたり、「狭く偏った英語」とは正反対です。

最悪なのが、「せめて見出しだけ読もう」というチョイス。キャッチコピーには、語呂合わせや隠喩、通常とは異なる言い回しが多用されているため、英語をマスターした人でも何のことかすぐわからないものがあります。

字幕なしの海外ドラマや映画は、話の範囲が広すぎますし、ニュースはさらに新聞同様の独特の言い回しがあったり、そもそもニュースに対する基礎知識がなければ理解できないマイナス要素が加わります。

文法テキストについては「正しく話そうという呪縛」が蘇《よみがえ》るので避けましょう。

三つのアイテムはどれも、「こんなに英語をやっているのにさっぱりわからない」と失望する原因にしかなりません。

そうであれば焦って飛びつかず、いずれ理解できるようになるレバレッジポイントが訪れるまで、忘れていたほうが賢明です。

「偏った英単語」を一〇〇個だけ覚える

では、実際のインプットに入ります。まずは単語からスタートです。

自分の関心、得意分野に範囲を絞ってください。

わたしが初心者に戻ってやるなら、サーフィンが好きなのでジャンルはそこだけに絞ります。アウトプットは、「ハワイで地元のサーファーと話す」とします。

そこで「サーフィン単語」を自分でチョイスしていきます。名詞、形容詞、何でもかまいません。天候についての単語や、海や波の状態、ボードの部位など、すぐに英語が浮かべば英語で、そうでないのなら日本語で考えてから和英辞典を使って一〇〇挙げていきます。もし、自分でつくることができなければ、英会話の先生に考えてもらうか、雑誌などからピック・アップしていきます。

一〇〇というのは、狭く偏った範囲をこなすための、最初のステップに必要な単語数です。

ディビッド・セインさんの『ネイティブはたった100語で話している！』（ダイヤモンド社）の冒頭に、次のような興味深いことが書かれています。

「**複数の言語学者の研究によって、わずか25の単語を知るだけで、英語の3分の1がわかることが明らかにされているのです**」

一〇〇単語を覚えれば、いかに可能性が広がるかを感じさせる説だと思います。

仕事で使う場合はマーケティング担当ならマーケティング用語に加え、自分の会社と商品についてなど、基本的な単語から始めたほうがいいでしょう。

海外旅行が好きな人は多いでしょうが、「店員とやり取りしながら買い物を楽しむ」というように、アウトプットはできる限り狭く絞り、それに即して「ショッピングの単語」をチョイスしていくことにしましょう。

実際のシーンを思い描くと、必要な単語がわかります。

レストランに行って「おいしい」「まずい」だけ言う人はいません。途方もない美味に「幸せ！」と叫ぶ人もいるでしょう。仕事でも同じだと思います。

単語の本の一ページ目からやるとは、関心もなく一生に一度使うかどうかという単

偏った英語を勉強する効果

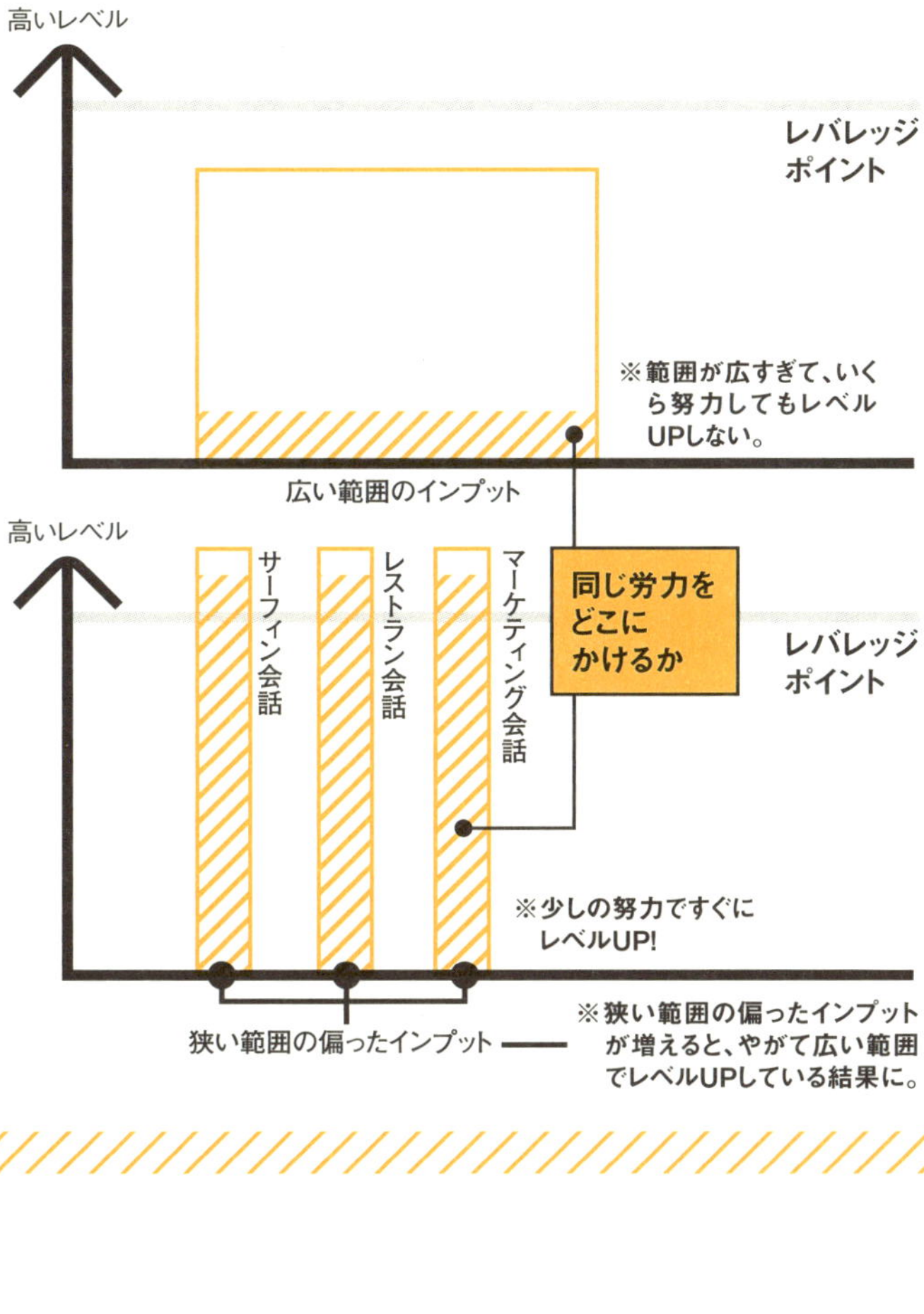
高いレベル
レバレッジポイント
※範囲が広すぎて、いくら努力してもレベルUPしない。
広い範囲のインプット
高いレベル
サーフィン会話
レストラン会話
マーケティング会話
同じ労力をどこにかけるか
レバレッジポイント
※少しの努力ですぐにレベルUP!
狭い範囲の偏ったインプット
※狭い範囲の偏ったインプットが増えると、やがて広い範囲でレベルUPしている結果に。

語を「アルファベット順」という押し付けられた優先順位で覚える作業。忙しいビジネスパーソンはうんざりしますし、覚えられなくて当然です。

「偏った英単語」を限定一〇〇個にすれば、この問題はラクにクリアできます。

一般的な英語の勉強というのは、底の広い大きな器に水を注ぐようなもの。ジャンルが幅広いので、なかなか水位が上がりません。

レバレッジ英語勉強法は、底が小さな細長い器に水を注ぐようなもの。偏っていて幅が狭いぶん急速に水位が上がるため、「この範囲ですさまじく成果が急に上がる」ことになります。

単語力という部分で成果が上がれば、リスニング力、コミュニケーション力でも成果は上がっていく「レバレッジのかかるスパイラル」がスタートします。

「偏った英語の言い回し」を二〇個覚える

単語だけを並べて会話をすることもできますが、日本で義務教育を受けていれば、英語は生まれて初めて接する言語ではないという人がほとんどです。

「Thank you」にしても、単語ではなく立派なフレーズです。

偏った単語を一〇〇個チョイスしたら、偏った言い回しを二〇覚えましょう。

「たった二〇では、少なすぎて役に立たないのではないか？」と不安に感じるかもしれません。しかし最初のうちは、パッと出てくる言葉というのはせいぜい二〇程度というのが現実です。中・高で一〇〇〇を超える言い回しを勉強しても、ひとつも使えていないのが何よりの証拠でしょう。それならわずか二〇でも完璧に身につけ、トコトン使い倒す勢いで実戦を重ねたほうが、レベルは上がります。

偏った範囲で会話をする際も、単語だけ覚えるより言い回しもマスターしておいた

ほうが使い勝手がいいので、単語と同じやり方でフォローしておきます。

サーフィンで言えば「How was the wave?」（波はどうだった？）といった、いつでも誰にでも使えるような言い回しです。

ワインが好きであれば「Which wine do you recommend with dish? もしくは This white wine goes well with the fish.」といったオーダーの際の言い回し、「I have a reservation」あるいは「I'd like to make a reservation……」という予約の言い回しなどを、トータル二〇個用意します。

買い物なら「This is small.」「Can I try this on?」というように、どんな場合も使う言い回しは、狭いジャンルの中に必ずあります。

ビジネスでは「I work at ○○○○（会社名）as a sales manager.」など自分のポジションを話すのがいいでしょう。フレーズは自分で考えられるなら考えてもいいでしょうが、英会話スクールをカスタマイズして、講師に教わるのもいい方法です。「偏った範囲の言い回し」を仕事で用意したいなら、英語ができる会社の先輩に教えてもらうのがベストです。そのほかNHKの「とっさのひとこと」や、巻末の付録で紹介したテキストブックから抜き出すのも便利です。

「きっかけ語」と「あいづち語」を用意する

実際に会話をするというアウトプットの際、難しい表現は必要ありません。短くて簡単な言い回しを、数量限定で完璧に言えるようにする――。レバレッジを効かせるにはこれが鉄則です。

アウトプットの際の最初の壁は、大きく分けると二つあります。

「突然話しかけられて、パニックになる」

「何を言っていいかわからず、沈黙してしまう」

英語ネイティブの中でもアメリカ人というのは、「沈黙に耐えられない」人種。エレベータに乗り合わせたとき、あるいは信号待ちの交差点で、知らない人に話しかけるシーンは、そう珍しくありません。

お店に入ってきたお客さん一人ひとりに対して、店員が目を合わせて「Hi!」「How are you?」と声をかけるのも、文化的な習慣なのです。

しかし、慣れていないうえにメンタルブロックがきつい日本人は「話しかけられたらどうしよう」というオーラを出し、実際話しかけられるとパニックに陥ります。

仮に受け答えできても、相手が自分のペースで一気にダーッとしゃべると、何を言っていいかわからず、黙り込むはめになります。

いずれの悩みも解消するのは「きっかけ語」と「あいづち語」です。

「It's a nice day!」といった天候についてのもの、「Nice Shirt」といったちょっと服装や持ち物をほめるようなものなど、きっかけ語やあいづち語を一〇〇個用意して話の口火を切れば、会話の主導権が取れます。

天候のように一般的なものも便利ですが、偏った範囲に限定して、自分が得意なきっかけ語を最初に出せば、あとの会話がグッとラクになります。

ビジネスなら「わが社のマーケティングはユニークです」と、たった一言のきっかけ語を相手より先に発してしまえば、会話を自分の土俵にもっていくことができます。

趣味であれば、「I'm crazy about music!」というきっかけ語ひとつで、自分が得意なこと、好きなことへと話題を展開できるため、英語の力が足りない分を知識で補うことも可能です。

そうはいっても、長い会話のキャッチボールは難しい人がほとんどでしょう。

そのときのために用意しておきたいのが、あいづち語です。

「Really?」「It's good?」「Nice」「Oh, good!」というごく簡単なあいづちさえはさんでおけば、なんとか会話は続くし、意思疎通がはかれるものです。

相手が言ったことをそのまま言い返す「オウム返し作戦」も役に立ちます。

「How was the Wave?」「It was great, but crowded」、サーフィンをやっていて、このように話しかけられたとします。

その際、「Oh, crowded」。

相手の言ったことを疑問のように言い返すだけで会話が成り立つというのは、日本語でも同じでしょう。

最小限の使いまわし単語「get」と「have」をおさえる

きっかけ語、あいづち語に並んで、とても応用が利く便利な使いまわしフレーズがあります。「get」と「have」です。

「get は得る、have はもつ」と単純に切り捨ててしまう人もいますが、この二つは、知っているようで知らない便利な使い方がたくさんある動詞です。

単語だけ覚えても意味がないが、言い回しとして覚えるとたちまち使えるようになるのも、get と have の特徴といえるでしょう。

レバレッジ英語勉強法では、いわゆるSVCやSVOといった基本文法を強く意識する必要はありません。間違えてはいけないという強迫観念が生じてしゃべれなくなるのはタブーだからです。

こんなにある！　GetとHaveの言い回し

Get

- **get together　会う**
  How about getting together for lunch sometime soon ?
  近いうちにランチでも一緒にしませんか?
- **get off one's mind　忘れる**
  There are so many things that I want to get off my mind.
  忘れたいことがたくさんある。
- **get...into mind　～を頭に入れる、完全に理解する**
  Get this into your mind.
  このことを頭に入れておいて。
- **get rolling　始める**
  Let's get rolling.
  始めよう。
- **get a bite　軽く食べる**
  I'm really hungry. Do you want to get a bite ?
  超お腹空いた。何か軽く食べない?

Have

- **have in mind　計画する**
  What do you have in mind for your wife' birthday ?
  奥さんの誕生日には何をするつもり?
- **have a blast　楽しく過ごす**
  I had a blast at the party last night.
  昨日のパーティはとても楽しかった。
- **have a clue　わかる**
  I didn't have a clue about the answer to Question 2.
  2問目の答えがさっぱりわからない。
- **have a talk　話し合う**
  "I'll have a talk with him."
  「彼と話し合ってみるわ」
- **have a feeling for　素質がある**
  He has a feeling for finding ways to save money.
  彼はお金をためる才能がある。

「主語の次は動詞がきて、そのあとは……」などと考えていたら、インプットは苦痛になりますし、アウトプットなど不可能でしょう。

多少違っていても、まずはインプットを完全にモノにするためのアウトプットを経験することが大切なのです。

日本語の会話で考えても「わたしは東京に行きます」が正しいとしても、「東京に行くよ、わたし」でも「行くよ、東京に」でも通じるというのと似たようなことが英語にもあります。

そこで文法のおさらいをするかわりに、実践でかなり役立つ get と have のフレーズを、パターンとしていくつか覚えておくことにしましょう。

たとえば、get の使い回しはさまざまで、「I've got to go」（行かなくちゃ）あるいは「Get away」（消えうせろ）といったものがあれば、「Can I get…?」という、これさえあればなんでも頼めてしまうフレーズもあります。

次ページに挙げるものはほんの一部なので、付録のおすすめ本などを参考にしてください。

「簡単な言い回し」の罠

さらにレバレッジ効果を狙うために、「英語を話すためのベース」をつくっていきましょう。

日常会話によく使われる基本表現や、使い回しがきくとっさの一言のようなものを、一〇〇個覚えてください。これも必須アイテムといえます。

その際に役立つテキストを厳選し、付録として巻末で紹介しておきましたので、参考にしてください。

わたしがすすめるテキストを見て、「なんでこんな簡単なものを?」とバカにされたように思う人がいるかもしれません。「いくらなんでも、こんな低いレベルではない」と感じる可能性もあります。

書店でたまたま手にしたテキストでも、ぱらぱら眺めて簡単だと感じた瞬間、「なんだ、こんなのとっくに知っているよ」とばかりにスルーしてしまう人もいます。

これこそ、役立つ英語を身につけられない原因――すなわち「簡単な言い回しの罠」です。陥る人がとても多いので、くれぐれも注意してください。

たとえば、簡単な言い回しを「知っている」というのと、「実際に話をする際、パッと口をついて出てくる」という状態とは雲泥の差です。

「中学レベルの英語じゃないか。意味はわかるよ」というのも、まったく意味がないことです。

英文を見て頭のなかで日本語訳ができても、その英語が実生活でしゃべれなければ、起動しないコンピューターと同じなのです。

また、日常の基本的な会話は、三つから五つの単語で構成されている「簡単な言い回し」がほとんどだということも、忘れてはなりません。

高度な表現などわからなくても、「Let me know」といったリアルな日常で使う、ごく簡単な基本表現を抑えていれば、十分にコミュニケーションがとれます。完璧に覚えてしまえば、日常会話の半分以上がこなせてしまうといっても過言ではないほどです。

また、単純に知識としてインプットしておくだけで役立つ簡単な日常表現というのもあります。

たとえば、アメリカのお店のレジ係に、「Plastic or paper?」と訊ねられたとします。「プラスチック」も「紙」も当たり前に知っている単語であっても、ちょっとした知識がないと、包装はビニール袋がいいか紙袋がいいかと訊ねられているということは、理解できないでしょう。

一冊のテキストに三カ月を費やすくらいの覚悟で、簡単な言い回しを徹底的に覚えれば、偏った言い回しが飛躍するためのベースも強固になります。

逆に言うと、偏った英語をマスターしたとたん、いきなり「さあ、次はビジネス英語をやろう!」というのでは、大事なベースとなる部分をすっぽり飛ばすことになります。

これではせっかく偏った英語で上げたレベルが台無しになってしまいます。

比喩的な表現になりますが、インターネットの達人がそれを武器にしつつも、電気、水道、ガスといった生活に必要なインフラを整えたほうが、存分に戦えるということです。

くれぐれも「簡単な言い回しの罠」に陥ることなく、「日常会話というインフラ」を備えるようにしましょう。

「四感」を駆使し、「三回転」させるレバレッジ英単語暗記法

単語にしろ、フレーズにしろ、わたしがおすすめする記憶法の基本は三回転です。『レバレッジ勉強法』でも書いたとおり、完璧に理解し、覚えるためのもっとも効率よいやり方なのです。英語に応用する場合は五感ならぬ「四感」を駆使することもポイント。これが「レバレッジ英単語暗記法」となります。

● 一回転目：「偏った英単語」一〇〇個に目を通し、わからないものをあぶり出す

自分で作成した「偏った英単語」を最初からチェックしていきます。目で追うだけではなく、声に出して発音し、自分の発音を耳で聞きながらチェックしてください。その際、よくわからない単語だけをノートに書き出します。殴り書きでもなんでもかまいませんが、手を動かして書き、そのスペルを目で追い、

さらに声に出しながら耳で聞くというように、嗅覚《きゅうかく》以外の「四感」すべてを使ってください。一回転目で全部覚えるのは不可能です。最初から最後まで通せればＯＫというゆるい縛りで行いましょう。

●二回転目：「偏った英単語」のうち、わからなかったものだけをチェック

一回転目でクリアした単語は、もうインプットがすんだと見なしてかまいません。自分が得意な狭い範囲に限定したものですから、どこかで耳にしたことがあったりして、すんなり覚えやすいものが多いはずです。

二回転目は「なかなか覚えられない単語」をあぶり出す作業です。一回転目でよくわからなかった単語を書き出したノートを、チェックしていきます。それでもわからなかった単語を、再び「四感」を駆使しながらノートに書き出します。

●三回転目：覚えにくい単語をカード化する

二回転してもわからなかった単語は覚えにくいものなので、ノートに書いただけでインプットするのは無理。そこで二回転目で書き出したノートにある単語をチェックしたら、わからなかったものを、一つ一つカード化します。学生時代の「単語カー

ド」と同じです。

限定一〇〇個を二回ふるいにかけたものなので、数はかなり絞られているでしょう。単語カードに書き出す際も、手と耳と目と口を使います。

出来上がった単語カードは、あとで述べる「スキマ時間活用グッズ」として常に持ち歩きます。覚えたものはリングから外し、しばらくして忘れたようなら元に戻す作業をするといいでしょう。

偏った英単語一〇〇に関しては、うろ覚えでは意味がありません。徹底的に刷り込み、自然と口をついてズラズラ出てくるくらい完璧に覚えましょう。

「偏った言い回し」についても同じ作業を行います。単語より長くなりますが、数が二〇と少ないので、ラクにこなせるはずです。

これをやって余裕ができたら、あいづち語ときっかけ語、getとhave、日常会話の基本表現の順に、同じ手順でインプットしてください。**脳の仕組みから言えば、暗記は寝る前にやると、最もレバレッジが効きます。**

最後は必ず英会話スクールなどで口に出すアウトプットをして完了です。テストの暗記はマークシートなのでうろ覚えでもＯＫですが、会話は実際にしゃべらないと出てこないものです。

電子辞書をフル活用して「レバレッジ単語帳」をつくる

「偏った英単語一〇〇」をいちばん最初に作る際は、和英辞典を使うケースが多いかもしれません。しかし、出来上がってわからない単語があったとき、さらに先のレベルに進むときには、英和辞典を引くことになります。

辞書を引くときは、マーカーを使ってインプットしましょう。

わたしがかつてやっていたのは、わからない単語があるとき、最初は青い線を引き、もう一度同じ単語がわからなくて引いたときは赤い線を引くやり方です。

赤と青、二色の線が引かれているのは覚えにくい単語ということなので、ノートに書き出して「自分専用の辞書」をつくっていました。

スタート時点で「偏った英単語一〇〇」をインプットするときは、前項で述べた「四感を使った三回転」を、六割の出来を目指してやれば十分です。

しかし、ＴＯＥＩＣを受ける際、そしてさらにレベルを上げていく際は、「自分専用の辞書づくり」と「四感を使った三回転」を組み合わせて脳に英単語を刷り込んでいきます。

今は電子辞書の良いものがあるので、価格が高くても性能のいいものを購入するといいでしょう。この投資効果は非常に高いと思います。

わたしが今、使っているのはセイコーの「ＳＲ－Ｇ１０００」といういちばん高性能とされているプロ用のモデルです。

ここまで専門的なものでなくても、調べた単語の履歴が残るものは便利です。さらに、どのような発音か音声も出る機能付きの製品を選べば、耳と口のトレーニングにも使えます。

電子辞書に「偏った範囲の覚えにくい英単語」を登録しておけば、繰り返しインプットできる自分だけの「ＩＴ世代型・レバレッジ英単語帳」の出来上がりです。

英語の勉強に欠かせないのが辞書ですが、従来型の辞書も電子辞書も、例文ができるだけ多いものを選ぶようにしましょう。一つの単語で複数の意味があるものは、例文がないと理解できません。

「遅効性のリスニング」に「即効性があるアイテム」を投入する

本章の冒頭で、勉強には即効性のものと遅効性のものがあると述べました。

単語やフレーズを覚えるのも本来なら遅効性のインプットですが、偏った範囲に狭めることによって、即効性のインプットに変わります。

即効性のインプットを多数こなして次のステージに上がってから、従来型のじっくりとボキャブラリーを増やす遅効性のインプットに移ればいいでしょう。

一方、冒頭で述べたとおり、リスニングで身につくのは「①聞き取る力　②発音、リズム、アクセント　③英文構造の理解」で、いずれも遅効性のインプットです。

そのため「偏った英単語やフレーズをインプットする」という即効性の勉強法を全体の八割とし、遅効性の勉強であるリスニングは二割がいいと説明しました。

しかし、遅効性の二割のなかにも、「即効性を感じられるアイテム」を組み合わせ

リスニングにレバレッジをかける方法

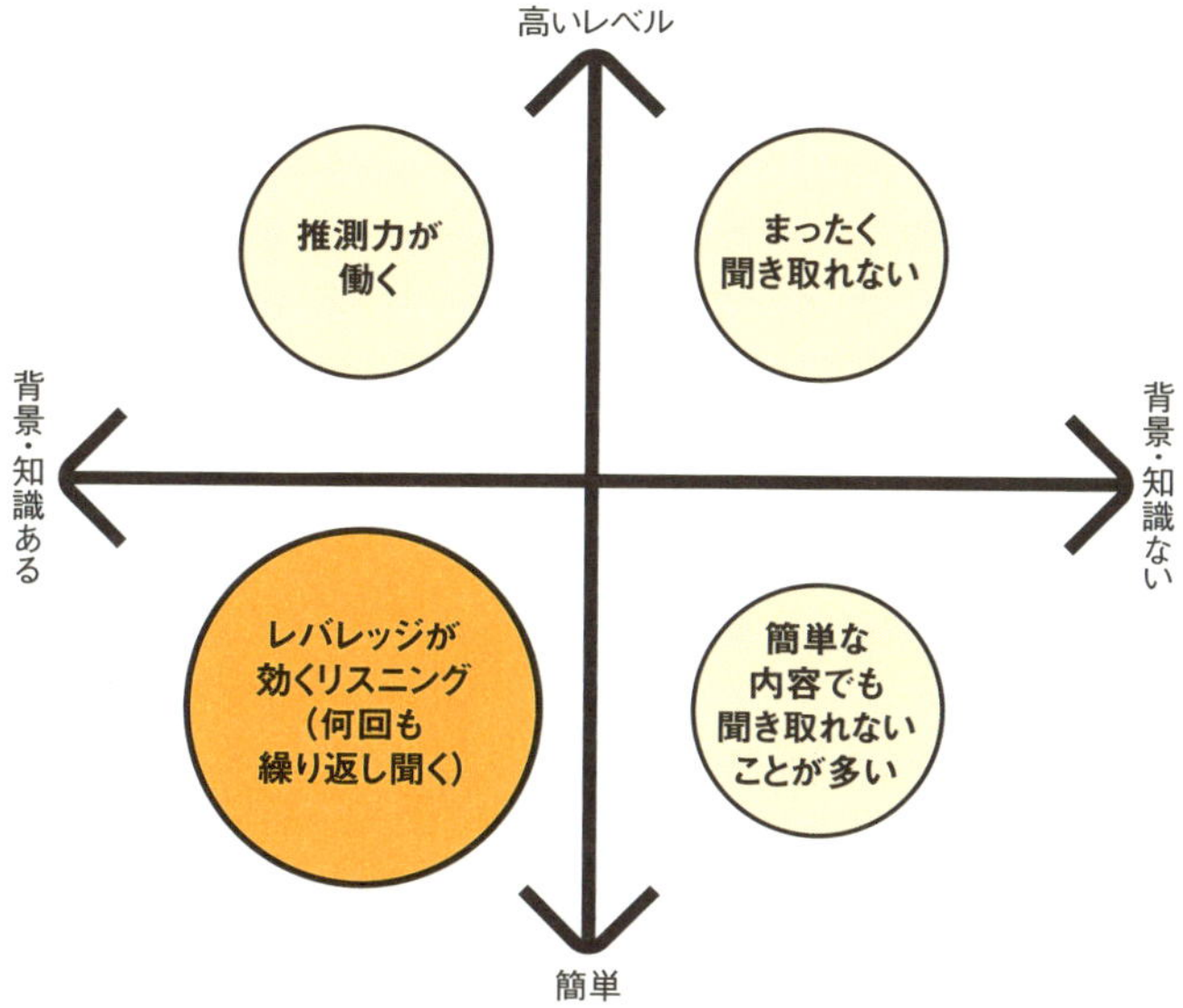

実践

- 英語のリズム、アクセント、発音変化に慣れる
- 推測力がつき知らない単語でつまづかなくなる

る工夫をしましょう。いくら全体の二割とはいえ、なかなか効果が実感できない勉強を続けると、挫折する原因になるためです。

即効性を感じられるリスニングの方法は「自分の興味がある内容のCDを何回も繰り返し聞くこと」。Chapter 2で紹介した泉正人さんは、海外でのビジネスも考えていましたが、英語がまったくできない状態でした。

彼にアドバイスを求められたわたしは、「投資に関する英語」という偏った英単語一〇〇と、偏った言い回し二〇を覚えるようにすすめました。

同時に、一話が短いロバート・キヨサキさんの講演CDを、暗記するまで繰り返し聞くように言いました。

『金持ち父さん　貧乏父さん』（邦訳：筑摩書房）で知られるロバート・キヨサキさんは投資のカリスマであり、泉さんは第一級のファイナンスのプロです。

当然、彼のフィールドの話なので、英語力が足りない分をビジネスの知識がフォローし、聞き取る力が確実にアップしていきました。

CNNやAFNなど、日々違うものを二四時間リスニングしても、決して即効性のあるインプットにならないばかりか、将来への蓄積にもなりません。

リスニングとは「完璧な発音」ではなく「英語の構造とリズム」を知る勉強

同じものを繰り返し聞いてマスターする即効性のインプット以外に必要なのが、コツコツ積み上げる遅効性のインプットです。

根気はいりますが、レベルを上げ、いずれレバレッジポイントを迎えるための基礎づくりをするためには欠かせません。

自転車と同じで、こぎ始めはギアが重くて力もいるうえ、時間もかかりますが、だんだん慣れてくるとスピードもアップします。ペダルを踏む足も軽くなってくるはずです。いったんマスターしてしまえば、しばらく休んでも半永久的に身につくスキルという点も、自転車と同様です。

ところで、リスニングの目的を「ちゃんとした発音を覚えること」だと誤解している人が多いのは、とても危険な兆候です。

英語の先生でもスクールの経営者でもないわたしにとって、「きれいで完璧な発音」というのはまったく必要がないし、単なる理想論としか思えません。

リスニングでインプットすべきは、リズム、アクセントと、音節や音の変化、そして英語の構造です。

リーディングとライティングは、「役立つレベル」を超えた時点から始めるべき勉強なので、レバレッジ英語勉強法ではあえて言及しません。

しかし、リスニングで英語の構造がわかれば、読んだり書いたりが苦痛でなくなる素地もできてきます。

リスニングのアイテムとしてわたしがおすすめするのは、SIMの「スーパーエルマー」というCD教材です。

英語は目だけで追っていると「get up」というフレーズが「ゲット」「アップ」とバラバラに思えますが、実際は「ゲ・ラップ」とひとかたまりで発音されることがままあるのはご存知のとおりです。

会話になればなるほど、省略は多くなります。

単語として完璧に理解してインプットしても、会話になった瞬間「わからない！」とならないためには、音節の数に合わせてリズムをとりながら発音するクセを身につけたほうがいいのです。ＳＩＭは、この方法を提唱しています。

英語を構文ごとに区切って、頭の中で日本語訳をせず、英語を英語のまま文の頭から理解する――これがＳＩＭのメソッドです。リスニングをするうちに、だんだんと英語の構造も理解できるようになります。

わたしは高校時代に使ったことでＳＩＭになじみがありますが、自分に合うリスリング教材を選んでもいいでしょう。いずれにしろ、筋トレのような基礎体力となるインプットになります。

時間がかかる遅効性のインプットは、スケジューリングや習慣づくりの工夫でレバレッジをかけるといいでしょう。その方法については「Chapter 6」で説明します。

「偏ったリスニング教材」の選び方

リスニング教材を選ぶ際も、「ビジネス会話」「初級英語」といった一般的なものに無造作に飛びついてはいけません。

偏った教材を選ぶことが、レバレッジを効かせる絶対条件なのです。

そのためのポイントは二つあります。

①単語数が少ない「偏ったリスニング教材」を選ぶ

先ほど紹介した、英語を母国語としないアメリカ人のためにアメリカ政府がやっているVoice of Americaというラジオ放送は、パソコンでも聞けます。

一五〇〇語程度のやさしい単語で構成されたニュースが、ＣＮＮやＡＦＮよりはるかにゆっくりとしたスピードでアナウンスされるため、初心者のリスニングには最適です。とはいえ、いろいろなニュースを聞くのはＮＧ。

ホームページにアクセスしたら、自分の気に入った話題だけをipodにダウンロードしましょう。トピックスも載っていますので、そこから興味があるニュースを選んで、何度も繰り返しリスニングします。

放送されるさまざまなニュースを全部聞いても、ひとつひとつが薄くなるうえ、興味がないニュースはＢＧＭになってしまいます。そんな利用法では「初級英語」の教材となんら変わりなくなってしまうので、避けてください。

Voice of Americaのサイトには、タイムラグがあるもののスクリプトもアップされるので、「聞き取れなかったところを文字で追いたい」ときも便利です。
● Voice of America　http://www.voanews.com

②興味があるもしくは背景がわかっている「偏った教材」を選ぶ

英語圏に転校した小学生が、すぐに英語が話せるようになるのは、スポーツや遊びなど、子どもの世界ならではの「共通言語」があり、学校という背景を理解しているからです。これと同じ効果を得るためにも、すでにストーリーを知っている講演ＣＤや、仕事や趣味で予備知識がある内容のオーディオブックを選び、暗記するほど繰り返し聞きましょう。

アメリカのベストセラー『The Secret』のDVDやオーディオブックも、手ごろな教材としておすすめ。日本語版の書籍（『ザ・シークレット』《角川書店》）というテキストがあるため、あらかじめ知識をインプットしておくことも可能です。

DVDは画像があるぶん、とっつきやすいのは言うまでもありません。内容に関して好き嫌いはあるでしょうが、何人もの著名人がわかりやすいフレーズで自らの成功体験を話すというシンプルさは、映画やドラマにはないものでしょう。

九〇年代初めまで、リスニング教材は何十万円もするのが当たり前で、投資したお金と時間を無駄にした人も多かったようです。インターネットの登場で、廉価どころか無料のものさえ手に入り、なにより選択肢が飛躍的に増えました。

選択肢が多いとは、自分に合うものが見つかる可能性が高いということ。偏ったリスニングをする絶好の条件が整っているのですから、活用しましょう。

次章では、アウトプットの代表とされる英会話スクールとTOEIC活用法について説明していくことにしましょう。

CHAPTER5

「含み資産」を顕在化して資産に変える!

英語をモノにする アウトプットの方法

123-144

「一つのことを一途に努めれば、誰でもみな優れたひとになり、成功した人はみなさらに成功する」

オリソン・スウェット・マーディン

実現可能で「役に立つ！」アウトプット方法を試す

日本のビジネスパーソンの英語は、インプットばかりでアウトプットが少なく、アウトプットなしのインプットはただの「含み資産」であり、使わなければどんどん目減りする危険もあると述べました。

英語でリターンを取りたければアウトプットが肝心です。「聞いたことがある」あるいは「知っている」という知識は、単なる知識で能力にはなりません。

単語、フレーズ、発音のすべては、「知っている」→「完全に暗記」→「使って定着させる」という三つのステップを経なければすべての努力が無駄になります。

どのようにアウトプットするかを明確にしなければ、レバレッジ英語勉強法にはなりません。アウトプットの方法には、大きく分けて五つあります。

①カスタマイズ英会話スクール
②海外出張もしくは海外旅行
③共通の興味をもち、英語を話す友人を見つける
④TOEIC
⑤留学

このうち五番目の留学は、インプットとアウトプットを繰り返してレベルをあげ、「役立つレベル」の上のステージを目指す力がついていないと無駄になるので、本書で言及はしません。なんの蓄積もないのに「留学すればなんとかなる！」というのは、思い込みにすぎないと理解しておけば、それでいいでしょう。

四番目のＴＯＥＩＣは、正確にいうとインプットというよりは、進捗《しんちょく》状況を把握する、あるいは挫けないための「マイルストーン」として使うべきものです。

しかし、現在一五〇万人もの人が受験しているうえ、英語の上達の目安ともされているので、活用法について本章で説明しておくことにします。

「役立つレベル」を目指す人のアウトプットとして、おすすめしたいのは、最初に挙げたカスタマイズ英会話スクールと、二番目の海外出張もしくは海外旅行。

英会話スクールは、ただパッシブに授業を受けるだけでは効果が出ない、お金のムダにすぎないとすらいえる——。

「Chapter 3」で述べたことはわたしの率直な意見ですが、なかなかネイティブと話す機会のない人にとって、いちばん身近で手っ取り早いアウトプットということも事実でしょう。海外旅行を週に一度行くのは難しくても、スクールならば可能という点でも、活用の仕方を工夫して、役立てるべきアイテムといえます。

海外出張は本気でアウトプットしなければならない「強制力」が働くので効果が上がりますし、海外旅行は「頑張った自分に腕試しのチャンス」を与えることですし、「旅行という楽しいごほうび」という意味でも有効です。旅行は出張と違って、自分の意思でいける点も、職種を問わず、誰でも使えるアウトプット方法といえます。

ちょっとハードルが高いのが三番目。サッカー好きなら、英語を話す友人を見つけるために、スポーツバーに行くのも手です。恵比寿《えびす》の「Footnik」などは、外国人比率が高くスクリーンで観戦しつつ、共通の話題のサッカー話で盛り上がれます。

インプットと実際のアウトプットの関係

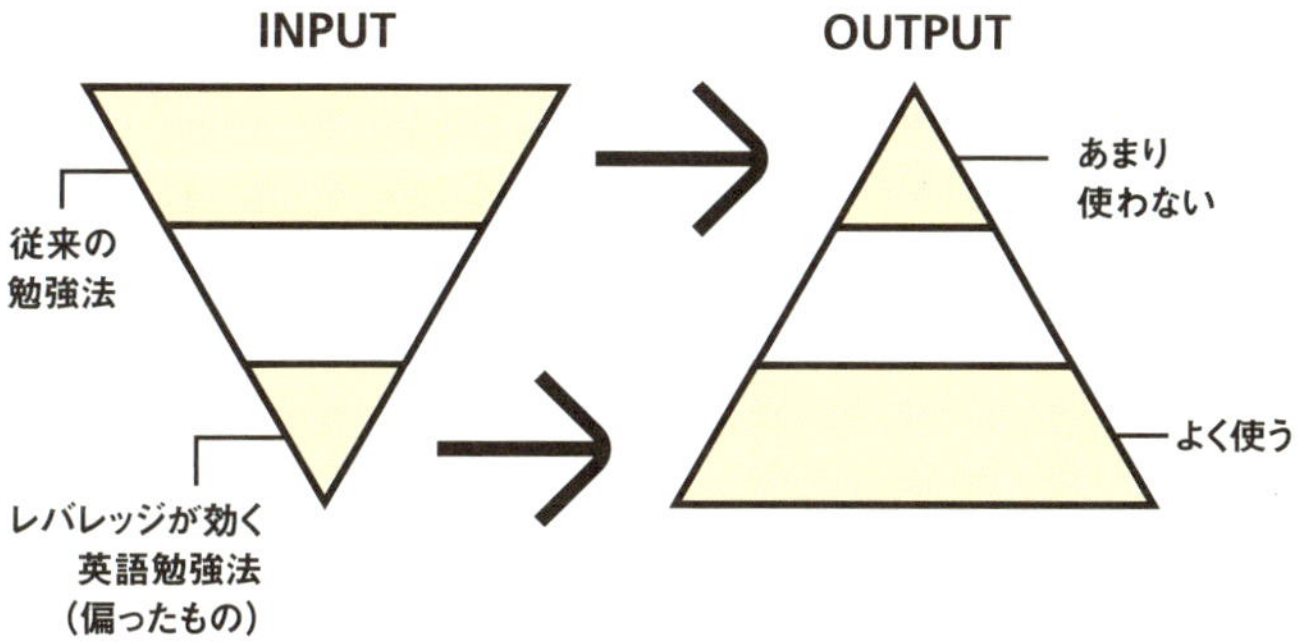

※「知っている」→NG　※「完全に記憶する」→OK

英会話スクールを「偏ったアウトプットの場」にカスタマイズする

英会話スクールに入ると、まずテキストを渡されます。一般的で広い範囲のものなので、「偏った英語でレバレッジを効かせる」というやり方と矛盾が生じます。

これこそ、英会話スクールという貴重なアウトプットの場を、役に立てられなくなる元凶。決められたとおりに教わるというのはパッシブな授業で、何一つ身につかないケースがほとんどです。しかし、偏ったインプットをアウトプットする場としてカスタマイズすれば、英会話スクールをフル活用できます。

英会話スクールの講師は「先生」ですが、あなたまで従順な「生徒」になる必要はありません。ビジネスパーソンとして時間とお金を投資する以上、それに見合う対価が得られるようにコントロールするのは常識といっていいのですから。

●マンツーマンのコースを選ぶ

すでに述べたとおり、通常のカリキュラムのグループレッスンでは、講師が六、七割話し、残りの四割か三割を数人で分け合う状況になるので避けましょう。

●常に同じ講師を指名する

自分仕様にカスタマイズするなら、同じ講師でないと意味がありません。毎回、カスタマイズ方法を教えるのではムダが多くて、お互いに疲れるだけです。

●理想的には週に二回通う

短期間に集中して効果を上げるためには、週に二日か三日、スクールに通うのが理想的。スケジュールと予算の都合があるので、これは目安としてください。

●一般的なテキストを使わず、自分で「偏った授業」をつくる

投資に興味があるなら投資の英文コラムについて、スポーツに興味があるなら試合結果について講師とディスカッションします。偏った言い回しのアウトプットと同時に、新たな偏った言い回しをインプットできてレバレッジが効きます。

「自己紹介」を極めると会話力にレバレッジがかかる

「道順を尋ねる」

「泥棒にあったと訴える」

こういった一般会話は、なんとなく使いそうに見えて、実はまったく使わない表現が多いものです。

一方、自分について話す機会は必ずあります。

ビジネスでも趣味でも、人とコミュニケーションを取るときは必ず、自分について語る必要が出てきます。

これは日本語でも英語でも同じです。人となりとは、自分の興味があること、やっていることで語られるものだからでしょう。

海外で現地の人と新たに知り合うのであればなおさら、すべての人がなんらかのかたちで「自己紹介」をするはずです。

フォーマルかカジュアルかという差はあっても、自己紹介というものが絶対に必要だとわかりきっていながら準備しないのは、なんともムダな話ではないでしょうか。

たとえ日本語でも、何も準備していなければ、ちゃんとした自己紹介というのはできないものです。

そこで英会話スクールの授業を、「自己紹介」をテーマにカスタマイズします。

●カスタマイズの第一歩はシナリオづくり。

自己紹介の英文をゼロから一人でつくるのは大変なので、巻末に紹介したテキストを使って、まず自分が言いたいことを大まかにまとめます。

名乗り方や職業といった基本的な表現に、さきほど徹底してインプットした「偏った英単語一〇〇」と「偏った言い回し二〇」を使った自分の説明を付け加えましょう。

基本的な情報に、仕事や趣味といったあなたの「偏ったディテール」を付け加えてください。

●次の段階は、アウトプットと修正。

英会話スクールの講師に、自分で作成したシナリオをもとに自己紹介します。

そのあとで、どう言えばちゃんと通じるか、わかりやすい表現になるのかを、講師にアドバイスしてもらいます。

自然な言い方や便利な言い回しを教えてもらいながら、完璧な自己紹介フレーズを一緒につくりあげていきましょう。

●その次の段階は、講師に質問してもらうこと。

自己紹介の英語表現そのものではなく、内容そのものについて問いかけてもらいます。

仕事や趣味について、わからないこと、興味があることを訊ねてもらい、それに答えます。

これは実際の会話のシミュレーションともなるのです。

たかが自己紹介と侮ることなく、この方法で一カ月みっちり取り組めば、英会話スクールにもレバレッジがかかります。

実践で必ず役立つので、ムダがない点も魅力的です。

くだらない話でも「自分から先に話しかける」習慣をつける

アメリカというのは、発言していないと評価されない国です。

渡米してビジネススクールに入ったものの英語が苦手だった頃のわたしは、授業でも黙りがちだったのですが、あるときハッと気づきました。

「アメリカ人も、英語がうまくない非ネイティブも、みんな自分の意見をとうとうと語っている。だけど、よく聞けば、たいしたことは言っていない！」

経営戦略の討論でも、主張自体は平凡で、取るに足らないものだったりします。それでも、「言ったもの勝ち」というのが欧米文化なのです。

文化を問わず、自分の意見を真っ先に発言すれば、話題を自分のフィールドに持ち込めます。わたしの場合は、ネイティブのアメリカ人に及ばないことはもちろん、非ネイティブのヨーロッパの人たちよりも下手な英語というハンディキャップがあったので、「インターネット」という分野の専門知識を蓄えました。そこだけに絞った「偏った英単語」と「偏った言い回し」でレベルを上げ、常に自分が先にそのテーマの発言を続けるうちに、ブレイクポイントを迎えました。

つまり、どんなことでも先に発言する習慣をつければ、話題をコントロールし、場の主導権を握ることが可能なのです。自分の興味分野なら、リスニングが弱い点も洞察力が働いてカバーできます。逆に、誰かが先に発言して自分にまったく興味のない話題が急に始まると、ついていけない事態も起こりうるのです。

偏った英語をインプットしても、最初から駆使するのは難しいかもしれません。しかし、常に自分から先に話すクセをつければメンタルブロックが外れます。

海外旅行に行った際、お店やホテルのスタッフに「Hello!」「Hi!」と声をかけるだけでもいいのです。アウトプットするとは、「小さな成功を味わう」過程でもあります。「使って嬉しい」と感じる経験を自分でつくりましょう。

日本にいても、エレベータで英語を話す人と乗り合わせたら、降りる際に「開」ボタンを押しながら「After you」と言うだけでもかなり違います。

相手が「Thank you」と答えてくれたら、「どうぞお先に」「ありがとう」というごく普通のさりげない会話が、英語のアウトプットと成功体験に変わります。

マイルストーンとしてTOEICを活用する

資格試験というのは、会話においてまったく役に立ちません。

これを大前提として利用すれば、TOEICも有効なアウトプット方法となります。目的が明確でないと、TOEICも国連英検も単なるスコアにしかすぎず、いくら努力してもキリがないうえ、実際に「役立つ英語」のスキルアップにはつながらないのです。

これだけが英語マスターの道だという「TOEIC幻想」は捨てましょう。

レバレッジ英語勉強法がおすすめするTOEIC活用法とは「マイルストーン」です。

たとえば、水泳をやっているとして、ずっと一人でトレーニングしているだけでは飽きてしまいます。

しかし、タイムを測り、大会に出たりすれば、自分の進歩の状況を把握できますし、大会の日時に合わせて努力しようという気持ちもたかまるでしょう。

ＴＯＥＩＣはモチベーションを維持し、進捗《しんちょく》を見るための「大会」だととらえればいいのです。

こう考えると、たいしてお金もかからず手軽に利用できる、わかりやすいツールだといえます。

スコアが低かった場合は、アップするためにはどうすればいいかを考えます。来月テストを受けるなら、そこを「アウトプット」として俯瞰《ふかん》逆算し、どのようなインプットをすればいいのか計画を立てられます。ここから、さらに効率の良いスケジュールを考えることもできます。

英語勉強法ではどのようにスケジュールを管理し、挫折しないで続けていくかが重要なので、ＴＯＥＩＣはそのためのマイルストーンと見なせばいいでしょう。

早わかり！ ＴＯＥＩＣで高得点をあげるテクニック

実際の会話においては役に立たなくても、社内の評価や転職のための「ラベリング」としてＴＯＥＩＣの高得点が要求されるケースもあります。

仕事でＴＯＥＩＣが必要な場合は、「役立つ英語」と完全に切り離し、「得点を取るための戦略」を、徹底的に割り切ってこなすことにします。

ＴＯＥＩＣは英語力とイコールではないので、ネイティブでも高得点は取れません。ここで要求されるのは、むしろテクニックなのです。

ポイントだけ簡単に紹介しておきます。

● 合格体験記を読む

テクニックである以上、成功のパターンというのがあります。自分でゼロから方法を構築するのではなく、すでに誰かが試して効果が実証されたノウハウを拝借したほうが効率は上がります。たくさんの合格体験記を読み、自分と似たタイプの人のスケジュール管理や勉強法を真似《まね》すればいいでしょう。

●過去問を解く

テキストを選ぶ際は、ＴＯＥＩＣ主宰者が出している「想定問題集」を買いましょう。

●勉強法を学ぶ

これから、時間という何より貴重な資産を投じるのですから、効率的勉強の戦略がとても大事です。『海外経験ゼロ。それでもＴＯＥＩＣ９００点』（宮下裕介著・扶桑社）、『ＴＯＥＩＣテスト９００点　ＴＯＥＦＬテスト２５０点への王道』（杉村太郎著・ダイヤモンド社）はおすすめです。

●暗記は三回転を基本とする

１０９～１１１ページでご紹介した「偏った英単語暗記法」と同じやり方で、テキストを三回転させることで、脳にフレーズを刷り込んでいきます。

●必要なことと必要でないことを見抜く

TOEICにはいわゆる「引っ掛け問題」もあります。出題者側が平均点やスコアをある程度コントロールするために、誰も解けないような難問・珍問が混入されているのです。そこにこだわってコツコツ勉強し始めてはキリがないので、どう考えても難しい単語は覚えず、実際に試験に出てもパスしてしまいましょう。

●本番は「時間との戦い」と知る

仮に、「何時間かかってもいい」というルールでテストを受ければ、得点はぐんと上がるのが普通。時間制限のなかでどう優先順位をつけてタスクをこなすか。テストの勝敗はここで決まります。

一、二分全体を眺めてから解き始めてください。できる問題からどんどんやり、難しい問題はしるしをつけて飛ばします。また、解答しても自信がないものも、しるしをつけておきます。

最後に見直しの時間を数分残しておき、しるしがついたところを考えて解き、ミスがないかをチェックします。

家で過去問を解く際も、アラームなどを使って実際の試験どおりの時間配分でやることにしましょう。

●勉強仲間をつくらない

ＴＯＥＩＣを一緒に受ける仲間がいてもいいのです。情報交換をしたり、モチベーションキープの役に立ちます。

気をつけたいのは、勉強は一緒にしないこと。一人ひとり、やり方もレベルも違うので、同じことをやっても効果が上がりません。

理想的には自分より上のステップにいて、まだ勉強を続けている人のグループに入るといいでしょう。資格試験は「慣れ」に左右されるところも大きいので、いろいろなことを教えてもらえます。

次のステップの「偏った英語」を目指す

偏った英語のインプット、アウトプットのセットがひととおりできたら、成果が実感できます。


「カスタマイズした英会話スクールで、ずいぶん話せるようになった！」

「海外でゴルフができた！」

「出張のミーティングで発言できた！」


狭い範囲ではありますが、確実にレベルはアップしているはずです。

小さな成功体験でメンタルブロックが外れたら、もう一つ、二つと「偏った英語」の柱を増やしていきましょう。

たとえば、レストランでの偏った英語が完璧になったら、買い物の際の偏った英語を同じやり方でインプット、アウトプットします。

この繰り返しで、細い柱が次第に太い柱になります。つまり、偏った狭い範囲だった「底」が、徐々に広がっていくのです。

ここが従来の英語勉強法とレバレッジ英語勉強法の決定的な違いです。

従来の英語勉強法は、まず広い「底」があるのでレベルを上げるのは遠い先の話になってしまいますが、レバレッジ英語勉強法の場合、「底」が極端に狭いので、すぐに効果が出ます。

だから挫折せずにすむのです！

成功体験が増え、スキルがアップしてきたら、次のステップに入ります。「役立つレベル」の先に進むということです。

- 豊富なボキャブラリーを構築する
- パーティなど広い範囲の会話を楽しむ
- 同世代の話し方やトレンドをドラマで覚える
- ＮＨＫ英会話で学習範囲を広げる

- CNNなどの興味あるニュースをリスニングをする
- 文法を再チェックする
- 留学する
- 字幕なしで好きな分野の映画を見る
- 英字新聞を読む
- 発音のレベルアップをはかる

どれも、「役立つレベル」を超えたときにやって初めて機能する勉強法です。

ゴルフにたとえて言えば、打ちっぱなしでようやくフォームを学んだ人が、いきなり難易度の高いコースに出ても戸惑うだけ、というような話です。ある程度、レベルが上がらないと、本来味わえるはずの楽しみも味わえないのです。

「役立つレベル」の先は、一人ひとりに合ったやり方を自分で工夫すべきだと思いますので、本書ではあえて言及しません。

「役立つレベル」をモノにすることは、そうたやすくないからです。

こう述べると、「だって、偏った英語なら、すぐに成果が上がるから挫折しないでしょう?」という反論が出るかもしれません。

しかし、わたしのような怠け者、あるいは忙しいビジネスパーソンは、英語以外にもたくさんやることがあり、時間資産は限られています。

できるだけラクに継続するスケジューリングと仕組みがなければ、どんなに簡単な勉強でも続かなくなります。

そこで、次の「Chapter 6」では、スケジューリングと習慣化について説明します。

CHAPTER6

習慣化すれば挫折しない!

三カ月で壁を破る レバレッジ・スケジューリング

145-164

頭で考えているイメージや理論を自分の物にするために、何度も反復して行います。思ったり考えたりしているだけでは、本当に自分の物にはならないし、身につきません

松井秀喜

一生しゃべれないで終わるか、三カ月でマスターするかを選択する

語学というのは、数年かけて「役立つレベル」に到達する気でいると、一生しゃべれるようになりません。

今までの英語学習がムダになってしまったのは、ゴールが遠かったからにほかならないといえます。

ビジネスパーソンにとっての「勉強」は投資なので、あまり長くやってしまうと、投じた時間資産のリターンが永久に取れなくなります。

ましてや小学生ではありませんから、勉強を通してコツコツ努力することの大切さや、忍耐を学ぶ必要はありません。

レバレッジ英語勉強法では、三カ月をワンクールとして成果を出していきます。

二年、三年とかけて積み重ねた努力というのは広く薄くなりがちで、ブレイクポイントにいけなくなる危険があります。

三カ月という短期間に集中して一気に詰め込んだほうが、急激に水の温度が上がって沸騰するように、成果は出やすいのです。

三カ月を基本とし、忙しい人なら半年、最長でも一年で成果を出すと決めて取り組むことが大切です。

わたし自身、メンタルブロックが外れて、含み資産として眠っていたインプットが一気に顕在化したのは、三カ月英語に集中したあとでした。ビジネススクールでの英語はいちばん範囲が広いカテゴリーだったので、より多くの労力がかかりましたが、もしもサーフィンという偏った英語なら、もっと早くレバレッジポイントに達したと思います。

「一生モノのスキルだからじっくり身につけよう」と言っていると、英語を「使うこと」ではなく「学ぶこと」に何年も費やす結果になります。

お金にたとえると、わかりやすいでしょう。

「いつかぜいたくな暮らしをしよう」と思って、なんの楽しみもなく貯蓄に励んでも、いざお金が貯まったときにはすっかり年老いていて、ぜいたくをする元気もなくなっているかもしれません。また、単なる貯金では利子も生みませんし、お金の価値は目減りしていきます。

結局、アウトプットがないまま、インプットだけで一生を終えるのです。あるいは、そんなつらい努力に嫌気《いやけ》がさして、「自分には無理なぜいたくだった……」と、途中であきらめてしまいます。定期的にお金を投資したり、楽しみに使って役立てたほうが、人生のリターンははるかに大きいというのは、わかりきった話です。語学に関しても、これは同じだと思います。

ところで、お金と英語はよく似ていますが、決定的に違う点があります。お金という資産は使うとなくなりますし、投資によって目減りすることもあります。

しかし、使えば使うほど含み資産が顕在化し、英語を自分資産にしてしまえば、投資によってリターンが生まれても減ることは絶対にないのです。

この本を読んだあとの三カ月間に勝負をかける——そう決めてしまえば、最初の一歩が踏み出せます。

レバレッジポイントにいくまでの時間と効果

●レバレッジが効いた勉強法

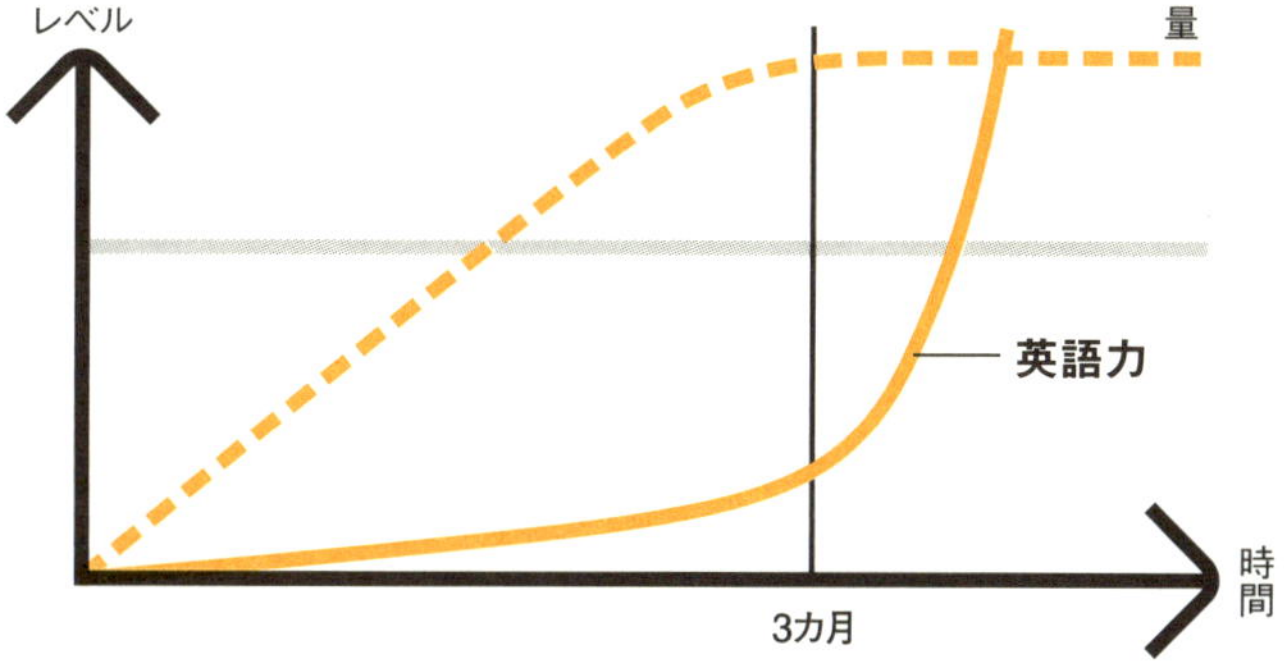

●従来の勉強法

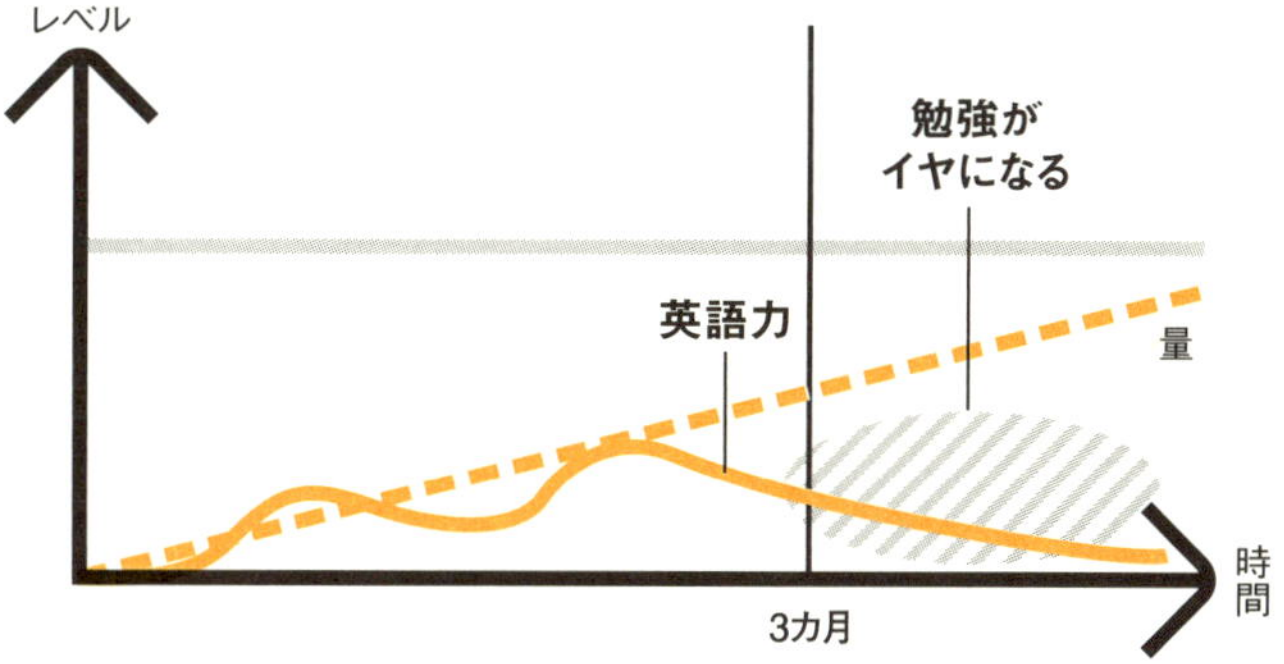

三カ月間、「成果が出ることだけ」を集中してやる

レバレッジ英語勉強法を実践する際には、遅効性の勉強と即効性の勉強を同時にスタートします。しかし最初の三カ月は、遅効性の勉強の割合を「多くて二割」にとどめます。遅効性の勉強とは、先ほど述べたとおり、リスニングによる発音や英文構造の理解です。

スタート時に遅効性のものを一生懸命やると挫折の原因になるので、最初の三カ月が終了するまでは力をここに注いではいけません。まずは即効性のインプットにアウトプットを組み合わせて、徹底的にやりましょう。

「努力の成果が目に見えてわかる！」という状態にすれば自分のやる気もたかまりますし、実際、レベルも上がります。

そのためには、先ほど述べたような偏った英語をインプットし、偏った英語でアウ

トプットしていきます。

三カ月が基本コース。

英語をマスターするには、一年に八〇〇から一〇〇〇時間必要という意見もあります。しかし、それは広い範囲の英語の話です。

偏った英語であれば、その二〇パーセント、つまり一八〇時間でOKなのです。それを三カ月でこなせば、レバレッジポイントは必ず訪れます。

「三カ月で一八〇時間やるなんて、忙しくて無理！」

数字だけ見ると悲鳴をあげる人もいそうですが、これはさほど高いハードルではありません。簡単な計算をすればわかります。

一八〇時間を三カ月で割ると、一カ月六〇時間。

六〇時間を三一日に割り振る際は、まず月曜から金曜日の平日（月のうちの二三日）は、毎日一・五時間勉強することにします。

●一・五時間×二三日＝三四・五時間。

さらに週に一回（月に四回）、英会話スクールを一時間プラスします。

●一時間×四日＝四時間。

土日の休み（月のうちの四回）は少し頑張って、五時間勉強します。土曜日に二時間、日曜日に三時間でも、二・五時間ずつでもかまいません。

●五時間×四日＝二〇時間。

このトータルを計算してみましょう。

●三四・五時間＋四時間＋二〇時間＝五八・五時間。

あと一時間半ほどどこかでプラスすれば、月に六〇時間はクリアできます。

それでも大変だと思う人のために、より細かく説明しましょう。

時間というのは天引きしないと確保できません。ほうっておくといくら暇があっても流出してしまい、気がついたら何日もたっています。

一日に一・五時間勉強するためには、天引き方式を取ります。いちばん捻出しやすい朝に三〇分、通勤の往復一時間にリスニングなどの二毛作をすれば、もう一・五時間は確保できたことになります。

次に、英会話スクールといったアウトプットの時間を天引きします。必ず同じ曜日の同じ時間に設定することが、続けるコツです。

週末の五時間をしんどく思う人もいるかもしれませんが、朝型生活なら、朝七時から三時間勉強しても、まだ一〇時です。家族とゆっくり昼食をとったり、趣味やくつろぎなど、午後を自由に使うことも可能なのです。

それでも大変だという人は、三カ月大変な思いをして変わるか、一生今のまま英語が話せずに取り残された人生を送るか、どちらを選ぶかを考えてください。


一年、あるいは半年を目標にすると持ち時間を考えるとき、どうしても月単位、せいぜい週単位になってしまいます。すると「サボっているうちに二カ月たっちゃったけど、まだ一〇カ月もあるからいいや」と流されていきます。

海外旅行や出張など、「成果を実感できる最初のゴール」が一年後になってしまうという人は、三カ月、半年、九カ月後に「小さなゴール」を設定しましょう。

「小さなゴール」とは、TOEICを受けることでもいいでしょうし、英会話スクールで自己紹介をマスターにするなど、自分なりの目標を決めてもいいと思います。ただし、ここでのTOEICはあくまでマイルストーンなので「得点＝レベルアップの目安」と考えないように注意してください。

早起きしない人は脳にレバレッジがかからない

「さあ、レバレッジ英語勉強法をスタートしよう！」と決意したら、最初にするべきは早起きです。

この三カ月は、強制的にでも体内時計を朝型にセットします。

いちばんの資産である時間の効率を徹底的に突き詰めると、朝型以外の生活パターンでは英語はマスターできないと覚悟したほうがいいと思います。

わたしも、かつては相当な夜型人間でした。英語をマスターしたいと思いながら挫折した学生時代は、明け方に眠って午後に起きる朝晩が逆転した生活もしていましたし、サラリーマン時代は仕事やつきあいがあり、やはり夜型でした。

しかし、これまでの著書で書いているとおり、ビジネスパーソンが夜に自分の時間を捻出するのは不可能であり、邪魔が入らないのはなんといっても朝です。

また、人間の脳は朝起きてから二、三時間でピークを迎えるというのは科学的にも証明されていることです。

これだけ絶対的なメリットがあるのですから、「朝早く起きるのなんて、いやだな」と考える前に、「起きる」と決めてしまいましょう。

ときどき、「夜、遅くまで起きているから早起きできない」という人がいますが、「早寝早起きというのはウソだ」というのが、わたしの考えです。

前の晩に眠ったのが一時だろうと、明るくなる五時か六時には無理やり起きます。目覚まし時計が鳴ったら、二度寝をしないように立ち上がってしまいます。

最初のうちはつらくても、これを数日続ければ体内時計がセットされるので、自然に目が覚めるようになりますし、夜も早めに眠くなります。

早寝から入ると「結局、一〇時間も眠ってしまった」というパターンになりますが、「早起き早寝」にすれば朝が活用できます。

週末の寝だめもあくまで「気分」の問題で、実際には効果がありません。

毎朝、同じ時間に起きることがリズムを崩さないコツです。

「三カ月後のゴール」を俯瞰《ふかん》逆算してスケジューリングする

それでは実際のスケジューリングに入ります。

一カ月が一目でわかるカレンダータイプのスケジュール帳を用意してください。無印良品に「マンスリーノート」という手軽なものもあります。東洋経済新報社から出ている「レバレッジ・オーガナイザー」もいいですし、自分でつくってもかまいません。

この本を読んだのが一月一日なら、「四月一日に海外旅行に行く」というように「成果を実感できる最初のゴール」を三カ月後に書きます。

英語が実際使えて「ごほうび感」を味わえるという意味で、海外旅行は最適だと思いますが、なかなかそうはいかない人は「英会話スクールで自己紹介を自在にこなす」といったものでもいいでしょう。

3カ月後をゴールとしたスケジューリング

また、仕事での海外出張など強制的なゴールがある人は、三カ月にとらわれずそれを記入します。海外出張が一年後なら、内訳として三カ月の小さなゴールを四つ。あるいは五カ月後なら、三カ月を一単位の目安として小さなゴールを二つ設定してください。

次に、マイルストーンとしてＴＯＥＩＣなどを利用する人は、その試験日時も記入し、そのあと英会話スクールなど、アウトプットの予定を入れていきます。

ここからがメインのスケジューリング。

「偏った英単語一〇〇」「偏った範囲の言い回し二〇フレーズ」を三回転させるには、一日いくつ、どのようなペースでやればいいのかを配分します。「きっかけ語とあいづち語」「リスニング」などについても同様に、三カ月に割り振っていきます。

デイリーのスケジュール帳だと、単語を覚える作業を一日休んでも、たった一つのパスです。しかし、一カ月が見渡せるマンスリータイプだと、一つの表のなかに二つ三つのパスがあれば「単語を覚えない日が月の一割もある」と一目でわかります。そのため俯瞰し、戦略的にタスクをこなすことが可能となります。

この作業をすると、三カ月は現実的な目安だと実感するはずです。

「習慣化する時間割」で英語を無意識レベルに刷り込む

三カ月のスケジュールができたら、一日の「時間割表」をつくります。

これまでの著書を読んでくださった方にはおなじみの方法ですが、英語の勉強に関して言えば、不可欠といえる重要なものです。

なぜなら語学の場合、即効性のアイテムによって三カ月で成果を出したあとも、さらにレベルを上げていくためには、遅効性のアイテムを継続していく必要があるからです。逆に言うと、「ある一定期間は継続する」というルールに挫折してしまうから、英語が話せない人がとても多いのだと思います。

わたしは怠け者で努力が苦手なので、継続するコツに関してはさまざまな工夫を重ねていきました。

なんとかラクをして効果をあげる方法がないかと考えたのです。

そしてたどり着いたのが時間割表ですが、じつは「時間割表を見なくても無意識の習慣にすること」が最終的な目的です。

最初は子どもじみているように思えてもバカバカしいと笑われても、あらかじめ決めておいた時間割にそって、極力ワンパターンに英語を勉強します。

三カ月、そんな生活をするかと思うと、うんざりする人がいるかもしれません。**しかし三カ月後は、時間割なしでも「自然と英語を勉強する身体」になっている自分に驚くはずです。これが「時間割による習慣化というレバレッジ」です。**

毎日毎日同じことを意識してやる——最初のうちは苦痛です。

しかし、わたしの経験では、三週間目くらいからそれが当たり前になります。臨界点を超えてしまえばしめたもので、「やらないと気持ちが悪い」状態になります。さらに継続して同じことをやれば、朝起きると顔を洗うのと同じように「無意識のうちに自然に体が動く」ようになるのです。

一日の時間割について、ポイントを簡単に挙げておきましょう。

●「作業興奮」を使って朝に集中する

朝は邪魔が入らないので、習慣化にもってこいです。「朝、出勤前に勉強する」という時間割にしましょう。どうしてもやる気が出ないという日は、単純なことから始めて、作業をやっているうちに脳の側座核という部分が興奮してくる、いわゆる「作業興奮」を利用しましょう。

●タスクを毎朝「確認&チェック」

月のスケジュールから逆算して割り振ったその日のタスクを、毎朝確認し、時間割に書き込みましょう。たとえば偏った英単語を一〇個覚える、テキストを一〇ページやるといったように、月のスケジュールで割り振ったタスクを細分化していく作業です。

週末に英会話スクールに行くなら、その日にアウトプットすることから逆算して、どんなタスクが必要かも、あわせて考えるといいでしょう。

その際に、前日のタスクができていたらチェックマークをつけるなど、振り返りを行います。わずか数分ですむこの作業によって、実行できたかどうかが明確になり、ズルズル流されなくなります。

逆説的ではありますが、無意識の習慣になるまでは、タスクをチェックするくらいトコトン意識することが必要なのです。

●「スキマ時間」はすべて英語に投資する

昼休みや仕事の待ち合わせで相手が遅れてきたときなど、この三カ月のスキマ時間はすべて英語に投資すると決めましょう。あらかじめスキマ時間がとれそうなところは、時間割に書いておいてもいいでしょう。

スキマ時間に新しい勉強を始めるのは難しいので、細切れでも見直しができる単語帳など、記憶の具合をチェックしたり補塡《ほてん》するアイテムを用意しておきます。

●リスニングは「二毛作時間」に入れるのが基本

遅効性であり、時間がかかるリスニングは二毛作の基本です。

「ながら」ではありますが、英語のシャワーを浴びる行為とは根本的に違います。人間の行動の九五パーセントは、無意識に行われています。

たとえば通勤電車の中で、意識的につり革につかまっている人はいません。ジムでマシンを漕いでいるとき、筋肉の動きは意識していないでしょう。

そんなときにこそ、集中してリスニングをします。何度も述べたとおり、あらかじめ知識がある分野のＣＤなどを、暗記するほど繰り返し聞きます。

時間割を作る際は、「二毛作ができそうな時間」には、電車に乗る、ジョギングするなどの「一毛作」と並行して、具体的に何をどのくらいリスニングするかも書き込んでおくといいでしょう。

●ＴＯＥＩＣを受けるなら毎晩、眠る直前に暗記する

メインの「勉強タイム」は朝。しかし、夜に効果が上がるものは夜に行います。夜、眠る直前に暗記して眠っている間に記憶を定着させ、翌朝、起きてすぐに見直すのが暗記のいちばんよい方法だと科学的にも証明されています。

ＴＯＥＩＣなどを受ける人は、とくにこの時間に暗記モノをやるといいでしょう。

勉強のアイテムによって、一日のどの時間にやれば効果が上がるかは変わってきます。いちばんレバレッジが効く時間帯に適切なアイテムを配置してください。

CHAPTER7

優れたノウハウは人から学べ!

ポイントが一目でわかる「レバレッジ英語」体験記

165-190

能力を向上させるために自分自身に投資すれば、10倍、20倍、50倍、100倍、1000倍にもなって返ってくるだろう

ブライアン・トレーシー

他人の成功体験にレバレッジをかける

大学やTOIECなど試験の場合は、勉強を始めるより先に合格体験記を読むのが、成功への近道となります。

なぜなら、実際に先人が試して成功した方法を拝借したほうが、自分がゼロからやり方を構築するよりはるかに効率がいいからです。

ところが英語勉強法の場合、「合格」という明確なゴールがないので、体験記の類はほとんどありません。

著者もしくは著者が運営する英会話教室のメソッドを紹介する本がほとんどで、実際、リアルなビジネスパーソンがどのように英語をマスターしたかは、あまりまとめられていないのです。

冒頭で述べたとおり、「誰にでも合う英語勉強法」というものは、存在しません。

本書は英語に対する考え方を変える、いわば「英語脳」をつくることを主眼にレバレッジをかけるポイントを説明してきましたが、読者一人ひとりが自分仕様にカスタマイズしてほしいと思っています。

そのためのヒントとして、この章では英語をマスターした五人の「体験記」を紹介していきます。

大筋としては本書と共通のノウハウですが、細部はその人固有のやり方だったりするので、カスタマイズする際の参考にしていただきたいと思います。

よりわかりやすくするための、わたしが抽出した「レバレッジが効くポイント」も書いておきました。時間がない人は、そこだけ目を通していただいてもけっこうです。いずれにしろ五人の方々は共通点があります。

帰国子女でもなければ留学したこともなく、ごく普通のアイテムを使って「偏った英語」を学び、「役立つレベル」までスキルアップしたということ。

これこそ、誰もが話せるようになるという証明でもあります。

ケース1
必要性があれば英語は上達する

滝井秀典さん（三〇代・男性）キーワードマーケティング社長

英語を習得したいと考えたきっかけは、二〇代の頃に大前研一さんの『サラリーマン・サバイバル』（小学館）を読んだことです。そこには、これからのビジネスパーソンに不可欠なのは「英語、IT、金融」だと、明確に指南されていました。

パソコンを使うことも、投資を行うことも日本にいながらにして日々修得することは十分に可能でしたが、問題は英語。当時は広告代理店勤務でしたが、日常生活やビジネスで英語を使う機会などまったくありません。

いろいろな勉強法に投資をしましたが、どれも継続することができず、まったく成果が上がりませんでした。数々の失敗を経て、「英語が長続きしない」のは以下の二つの問題によるものだと気づいたんです。

①仕事をする上で英語が必要な環境にいないので、どうしても英語を習得するモチベ

ーションがわかない。

②生活習慣のなかで英語を使う機会がないので、継続しない。

この問題を解決すべく、私が起こした行動は、二つです。一つ目は独立して検索エンジンマーケティング関連の会社を起こしたこと。もちろん、企業経営者の道を選んだのは他の理由が多々ありますが、「英語を必要とする環境」に身をおける、というのは事業の選択の大きな理由のひとつでした。

IT業界のビジネスモデルはほとんどはアメリカ発なので、英語がわからないと情報が遅れてビジネスになりません。「英語によってビジネスのリターンのある環境」に変わったことで、英語への意欲が急速に高まりました。

もうひとつ、生活のなかに英語学習を強制的に取り込む方法として、「ビジネス英語電話コーチングプログラム」を試しました。入会すると毎月、ビジネス系の洋書のテキストが手元に届きます。その後一週間に一度、指定した期日に講師の外国人と、そのテキストについて電話で話をします。時間は約二〇分と短時間ですが、週一回、必ず決まった時間に向こうから強制的に電話がかかってくるので、サボることはできません。最初に外国人の女性講師から電話がかかってきたときは、パニックでした。日本語はいっさい禁止。頭が混乱してこちらは中学生英語すら出てきません。

しかし、あえてこの困難な状況に毎回耐えることで、飛躍的に英語の能力が高まるわけです。英語習得においては、この「とにもかくにも継続する」というところが、最大のポイントだと私は思います。最初は冷や汗の連続ですが、そのうち「困ったときの魔法のフレーズ」を何個か用意できるようになることで、「外国人恐怖症」はずいぶんと克服できました。たとえば、「I think the most important point is this sentence. What do you think about the point?」といったフレーズは、ビジネス上のどんな会話シチュエーションでも使える万能の言葉です。

人間誰しも「あなたどう思う?」といきなり質問されてもなかなか答えにくいですが、無理矢理にでも「自分はこう思うが、あなたはどう思う?」と切り出せば、相手がすごく答えやすくなり、会話がとても弾みやすくなります。

不思議なことに会話ができるようになって最も成果が上がったのは英語の文章が読めるようになったことです。わたしはこのリーディング能力の向上を活かして、アメリカのインターネットからいち早く情報を入手し、ビジネスに役立てています。たとえばアメリカGoogleの英語の公式サイトは、どのような広告サービスが開始されたかなどの情報をかなり頻繁に更新しています。英語の文章が読めるというだけで最新情報を入手し、ライバルよりも早く広告を出しはじめて市場を独占することができるわけです。
インターネットの普及で、「読む、書く」ことの重要性が高まっています。海外のホテル予約や洋書の取り寄せなどはメールのやり取りだけですべてがすみ、会話の必要はありません。WEB上の英語を翻訳してくれるツールもありますし、昔に比べて英語の習得がはるかに簡単な時代になった、と私は思います。

本田の目 レバレッジが効くポイント

このケースは、英会話のアウトプット法をカスタマイズして成功した好例。

- **「電話レッスン」を選択して、強制的に時間を天引き。**
- **同じ講師でレッスンを続けて集中的に効果を上げた。**

成功のポイントはこの二つだろう。お互いの表情が見えない電話はとくに、挨拶などの「きっかけ語」を用意しておくと役に立つことがわかる。

アメリカのGoogle利用など、ビジネスと英語の勉強を同時にやっているため、相乗効果が上がる。さらに旅行や趣味が楽しめるというリターンも出ている。

ケース2
外資系企業で身につけた役立つ英語

森永博子さん（四〇代・女性）飲料水関連のフランス系企業・マーケティング部部長

大学卒業後、就職したのは外資系の広告会社。

英語はもともと好きで、大学時代には「ラジオ英会話」も聞いていましたが、実際に使えるほどのヒアリングやスピーキングはできませんでした。

その会社で外国人を交えたミーティングはときどきありましたが、半分以上はわかりませんでした。それでも、日本人がほとんどの職場だったので、業務に支障はなかったのです。

英語が必要になったのは、外資系のたばこ会社に転職してからのこと。

上司は外国人で、海外とのやりとりも頻繁。スイス本社のコントロールが強く、本社が立案した戦略を日本でも忠実に取り入れるように指示されます。

その戦略が日本のマーケットとは合わないときは、説得力のある代案を出さなくてはいけません。そこで、はじめてこのようなことをやってみました。

本社のメンバーは英語しか使わないので、会議はすべて英語でした。

最初の頃は、二カ月に一回程度の本社との会議のたび、プレゼンテーションを行う際の説明原稿をすべて英語で書き、全部暗記。想定Q＆Aをつくって、会議をシミュレーションし、プレゼンの前夜にはリハーサルもして本番に臨みました。しばらくは文章を書くのも時間がかかり、自分で覚えて話すのも大変という状態でした。

ところが一年もすると、相当、上達しました。プレゼンのときには、アドリブでものを言えるようになりました。私の場合、英語をマスターしようと思ってマスターしたのではありません。本社とのミーティングをクリアすることだけが目標で、ネイティブ並みの達人になろうとは思いませんでした。

マーケティングビジネスの場合、プレゼンテーション、タイムライン、プロポーザル、ストラテジーなどよく使われる単語も決まっているので、抵抗なく理解できたことも良かったと思います。

一週間休暇を取り、五〇時間の集中レッスンコースを選択。英語は集中的に勉強するほど力がつくと実感しました。また、アメリカ人上司との人事考課の際、「来年の目標は英語の上達」と言ったところ、「これからはミーティングも会話もすべて英語オンリー」と決められて、特訓したことも会話上達につながりました。その上司は日本語もできたので、この発言がなかったら、外資にいても話す機会はもっと少なかったと思います。

現在はエビアンやボルヴィックなどの飲料水を扱うフランス系企業「ダノンウォーターズオブジャパン」に転職。一日の仕事のなかで三分の一は英語です。

フランス系の企業に入社してわかったのは、ネイティブな英語を使っている人間は少ないということ。会議で飛び交っているのは、語彙《ごい》も多くない、文法が時には多少おかしい英語ですが、単語をつなげてみなさんコミュニケーションはとれています。きれいな英語ができないからと言って、恥じる必要はないと悟りました。

慣れないうちは外国人がワーッと言ってくるので、怖くて入り込めなくても、積極的に自分の知っている単語を使って入っていけばいいと部下にはアドバイスしています。

知人のシンガポール系の中国人は、英語がペラペラに見えますが、聞いてみると、「英語のプレゼンはつらい」と言います。同じなんだと思い、安心しました。

外資系の場合は英語ができないと担当できない役職も多いし、役職につくことで、ヘッドハンティングの機会も増えます。そもそもコミュニケーションツールである英語ができなければ、仕事になりません。
会議に外国人が出てきて、「いやだな」と思いながら静かに黙って嵐が通り過ぎるのを待つか、「チャンス!」と思って積極的に活用するかで、成長はまったく違ってくると思います。

本田の目 レバレッジが効くポイント

短期間、集中して「偏った英語」を勉強し、スキルアップしたケース。

・マーケティングという「自分の仕事」に特化した「偏った」英語に絞り込んだ。

・一週間休んで、五〇時間の集中英会話レッスンを受けた。

この二つを実行してスキルがぐんと伸びたという事実から、「範囲を狭める」こと、「短期集中でやる」ことが、いかに有効かがわかる。

外資系企業勤務といってもフランス系のため、「ネイティブ並みでない英語が普通」と理解した点が興味深い。これが今後の英語の「世界標準」になるだろう。

ケース3
恥ずかしさを乗り越えてTOEICスコアUP

大澤麻綾さん（二〇代・女性）ANAインターコンチネンタルホテル・宿泊営業担当

大学卒業前のTOEICは六〇〇点。英語を使う機会はなく、外国人と話すことへの恐怖感もありました。

そんなわたしがホテルに就職し、ホテル内の案内やガイドを行うベルサービスの担当になった——これが転機になりました。

勤務するホテルのお客さまの六割は外国人。ベルサービスの初日は、羞恥心と緊張で言葉がつまりました。

「May I show the way to the room?」

フロントでキーを受け取った外国人のお客さまに、基本のひと言すら出てきません。失敗したことで、この先ちゃんと仕事をこなせるのか不安になりました。

ホテルのサービスで使う英語は勉強していましたが、「Emergency exit」も出てこない状態だったのです。しばらくは、仕事に行くのが憂うつでした。

恐怖感が消えたのは「お客さまは完璧を求めていない」と考えるようになってからです。

「Where do you come from?」といった簡単なことでも、目を見て話すと喜ばれることも知りました。

ロビーで再会したらお互いニコッとしたり、「How was the flight?」というちょっとしたひと言でいいのです。完璧な英語を使えなくても、「お客さまにサービスしたい」という思いは通じると思ったとき、ラクになりました。

数カ月後、もう一度ご宿泊にいらしたお客さまがわたしを覚えていてくださったときは、英語ができる・できないでなく、ひとりの個人として見てもらえたのだと感動しました。たとえ笑顔だけでも、お互いの気持ちを通じさせることはできるのだと。

羞恥心がなくなると、学生時代に文法の基礎はできていたので、ありとあらゆるお客さまの質問に答えることができるようになりました。

就職して三カ月後には、仕事にかなり自信をもてるようになりました。

アメリカ人の男性のお客さまに「Why are you smiling?」（どうしてそんなに幸せ

そうな顔をしているの）と言われたのも、そのころです。

発音や話し方はテレビドラマを参考にしました。勉強法として選んだというよりは、忙しくてスクールに通う余裕がなく、休みの日に楽しみながら、勉強しようと思ったからです。

『アリー・マイラブ』という女性弁護士が主役のテレビドラマをビデオに録画して、何度も出てくる会話のセンテンスを繰り返し、チェックしてどのような態度や仕草で話しているのかをマスターしました。

ベルサービスを一年間、経験したあとでは、ＴＯＥＩＣは八二五点までアップしました。


入社三年目で大使館の営業担当になりました。ネイティブのような雰囲気で話していたせいか、ホテルの上司からも帰国子女と勘違いされたこともあります。

大使館員のお客さまとのやりとりはｅメールを使うことが多く、ほとんどが英語。また、大使以上のクラスの方が利用されるときは海外のサイトで調べなくてはならないこともあります。英語を使う頻度がすごく上がりました。

最初のころは英語でｅメールを書く方法を紹介した本を使って言葉をひいていまし

たが、回数をこなしているうちに、お客さまからいただいたメールの文章をアレンジして使うようになりました。

場数を踏むほど、使える言葉が増えていった気がします。今では、表現が正しいかどうか、お客さまに直接たずねて教えていただくこともあります。

人と人との関係と考えて、素直におつきあいができればいいと思っています。

本田の目 レバレッジが効くポイント

英語のインプットは十分にありながら、「恥ずかしい」「正しくなければいけない」というメンタルブロックが邪魔をして話せなかった典型的なケース。

・ホテルのサービスという、必要かつ専門的な英語に絞った。

・人と人とのコミュニケーションから、完璧でなくてもいいと悟った。

ここが彼女のブレイクポイントとなった。「たとえ相手がお客さまでも、どう言えばいいか聞く」という素直さも、語学上達の鍵のひとつ。

ケース4

ＩＴと英語でレバレッジをかける

荻野淳也さん（三〇代・男性）ウェブ制作・運営会社「コントロール・プラス」プログラマー

高校・大学では英語が大の苦手。理系の大学院に進んだので海外の文献を読む必要はありましたが、むしろコンプレックスが増すばかりでした。

海外から研究員が来たときも、会話がろくにできないし、ランチに行ってもずっと無言。会話することに恐怖感がありました。

ＩＴの世界はアメリカが中心です。コンピュータの世界を骨の髄まで楽しむには、英語力が不可欠といえます。それでも勉強しなかったのは、「何をしたらいいかわからなかった」からです。

外国人の友だちから習えばいいとも聞きますが、そもそも外国人の友だちがつくれません。英会話学校で身につくというイメージもわきませんでした。

エポックメーキングは二〇〇一年。世界中のコンピュータ技術者がシリコンバレーに集まるイベントに参加する機会を得たことです。英語に自信はありませんでしたが、世界の一線にいる人たちを生で見るチャンスを逃したくありませんでした。

参加したのはアップルコンピューター主宰のWWDCというイベントで、様々な関係者や著名人が参加者の前で講演するのですが、驚いたことがありました。カリスマ創業者スティーブ・ジョブスのスピーチを聞いていると、言っている意味がわかったのです。

一部は同時通訳がありましたし、すべて理解できたわけではありませんが、それでも少しでも「英語」を「わかる」と思えたのは、はじめての経験で感動しました。ジョブスの英語がわかりやすかったことと、聞き慣れたIT関連の用語が数多く入っていたことが理由だと思います。

WWDCでは参加者に講演録のDVDを送ってくれるサービスがありました。そこで、会場で聞き逃がした興味のある技術の講演を何度も繰り返して聞きました。

その少し後に読むようになったのが『ウエブ進化論』（ちくま新書）でも有名な梅田望夫さんのブログ「英語で読むITトレンド」です。アメリカのベンチャー企業の最先端情報が紹介されており、最初は読み飛ばしていましたが、次第に紹介された英語のブログそのものを読むようになりました。

ブログや長い英文を読むとき「いらないところは読み落としてもいい」ということがわかり、気楽に読めるようになりました。ヒアリングにしても、全部聞き取れなくても重要なポイントさえわかれば、おおよその内容は理解できることがわかってきました。

梅田さんのブログのリンクを参考に、現在は五〇〇個程度の英語圏のＩＴ関係ブログを登録してており、ＲＳＳ機能で更新されたらすぐに読みにいきます。

海外のイベントに行き、現地で知り会って話したりした人がブログを書いていたらそれも読むようになります。実際の人柄を知っていると、ブログもより興味を持って読めるようになるものです。また、ＳＮＳなどで友だちが友だちを紹介してくれるのでどんどん輪が広がっていきます。

アメリカ人が日本の技術情報を知りたがっていることも、ときどきあります。丁寧に教えてあげると感謝してもらえて、「お礼」に観光案内をしてもらったりもしました。

今でも会話力は、ヒアリングやリーディングに比べると、上達はいまひとつです。

それでもＩＴ関係者との会話では共通語が多いので、コミュニケーションが成立しやすいです。興味のある対象が近いので、英語の上手、下手よりは話の内容そのものが重視されるのも、メリットだと思っています。相手が興味をもつ話題を提供すれば、つたない英語でも一生懸命聞いてもらえますし、そうなるとこちらも話す意欲がわいてくるのです。

以前は、自分の興味のある英語の文章や講演に触れられる機会が限られていましたが、ＩＴの進化によって最近はそういった情報の入手も飛躍的に簡単になりました。ブログやＳＮＳはもちろんですが、スティーブ・ジョブズの講演も音声ファイルで入手できますし、iTune と iPod を使ってポッドキャストで新鮮な情報を聞くこともしています。

本田の目 レバレッジが効くポイント

ＩＴと英語という「買い」の投資アイテムをフル活用し、苦手で半ばアレルギーだった英語を、強みに変換してしまったケース。

・スティーブ・ジョブスの講演だけ繰り返し聞いた。

・全部聞き取れなくてもポイントがわかれば理解できると知った。

これに気づいたあとは、情報・時間・人脈・楽しみ、すべての「格差」において勝者になれる。ブログの閲覧もすぐに真似できるポイント。

ケース5
「自分でできること」とSIMで英語をマスター

笠島厚志さん（三〇代・男性）メーカー勤務・営業職

英語を勉強しようと決めたとき、TOEICスコアは三四〇点。

仕事やプライベートで英語を使うこともないまま三〇代になったとき、ふと「今の子どもは、相当小さい頃から英語をやっているんだな」と思いました。まるで英語に縁がない自分に、ちょっとした危機感を抱いたのです。

まず半年、お金をかけたり特別なことはせず、すぐにできることを徹底した詰め込み式でやろうと決めました。

無料の英語学習メルマガに二〇ほど登録し、毎日二時間、送られてくるフレーズを見て書いて覚えました。ノートにフレーズを書いて持ち歩いたりもしましたが、復習はしませんでした。Aというメルマガで覚えたフレーズがしばらくしてBというメルマガで紹介されたりしたので、それを復習ということにしました。

進歩を知る目安に定期的にＴＯＥＩＣを受けていましたが、半年が過ぎる頃には、五〇〇点台にスコアは上がりました。

勉強を開始して一年目に近づく頃、ＳＩＭの教材を購入し、リスニングを開始しました。学生時代、音声教材で挫折していましたが、大人になって自分のお金をかければモトを取る気になると思いました。家で改めて聞くと続かないと感じたので、車で通勤する往復の時間をリスニングの時間にあてました。

三カ月ほどこれを続けるうちに、だいぶ聞き取れるようになりました。いつもＳＩＭのＣＤでは飽きてしまうので、朝はＡＦＮのニュースも聞いていました。

すると、ＳＩＭのＣＤを繰り返し聞いて覚えてしまった表現がＡＦＮで出てきて、その部分は聞き取れるし、意味がわかるようになってきました。

英語の勉強を始めて一年半ほどたった頃、『ジャパン・タイムズ』でリーディングを始めました。日本のことが題材ですから予備知識があり、抵抗なく読めました。辞書は使わず、「大事な表現なら何度も出てくるはずだ」と読み飛ばしていくやり方です。

そのうち、興味があってじっくり読みたい記事は辞書を引きながら読んだり、何度も出てくる単語は調べたりしました。

ＳＩＭと『ジャパン・タイムズ』を始めた一年後には、ＴＯＥＩＣで六〇〇点台はコンスタントにとれるようになっていました。ＳＩＭとは違うスラングや日常会話を集めたＣＤを聞きましたが、映画は見ませんでした。

一度、ＤＶＤを利用し、最初は英語の音声だけ、次は英語の字幕、最後に日本語の字幕で三回見るというやり方を試しましたが、三度も見るのは大変ですし、字幕なしではさっぱりわからず、がっかりしてしまったのでＣＤだけにしました。

二年目に入った頃のＴＯＥＩＣのテスト中、「耳が開く」という状態を経験しました。先に問題を読んでおき、リスニングのテストを受けたところ、英語がすーっと入ってきて聞き取れたのです。そこで七〇〇点を超えることができました。

二年目は、ネイティブ先生ドットコム http://www.nativesensei.com/を利用して話す練習を始めました。テキストはないので自分で英語のブログをつくり、その一週間分の原稿を、先生に直してもらうことにしました。

そのうち、先生とわたしには格闘技という共通の興味があることがわかり、日本の雑誌の記事について教えたりしました。喜ばれて力もついた気がします。

三年目の今、まだ話すのは苦手ですが、リスニングには自信がつきました。相手が言っていることが聞き取れれば、片言でも会話は成り立ちます。先生や友人のつながりで外国人との飲み会があると積極的に参加していますし、そのうち海外に行って、いろいろなアクセントの英語を聞いてみたいと思っています。

何より嬉しかったのは、営業先で英語が使えたこと。

郊外の工場を訪問したところ、エチオピアから働きにきている人がいたので、自分から英語で挨拶するとびっくりされ、喜ばれもしました。

わたしの担当エリアは、少し前まで外国人がいるなど考えられなかったような田舎です。今は海外に行かなくても、日本のあらゆる場所で、英語を話す人に出会えます。その点でも、英語の勉強を始めたのは良かったと思っています。

本田の目 レバレッジが効くポイント

海外に行かず、お金もかけず、ある程度の年齢になってから日本で英語の勉強を始めてもマスターできるという例。

- **SIMで英語構造、リズム、アクセントなどの遅効性トレーニングをした。**
- **車で通勤する時間に二毛作。**
- **先生と格闘技という共通言語を発見した。**

こういったレバレッジポイントがうまく相乗効果を出している。日本にいても英語が必要な時代を感じている点も、これから増えていく英語学習者のタイプといえるだろう。

Leverage English
付録

レバレッジが効く！
英語勉強アイテム20冊

「レバレッジが効く」テキストしか選んではいけない

テキスト選びとは、人生で一番大切な時間資産を何に投資するかを選ぶことです。実際、目で見て確かめて、できるだけ多くの選択肢から厳選するのがポイント。むやみに買い込んだり、なんとなく選んだりするのだけは禁物です。

参考までに、レバレッジがきくテキストを紹介しておくことにします。わたしが200冊の候補の中から

・実践的
・見やすい、使いやすい
・あきない

という観点から本当に役立つものだけにしぼり込んだ20冊です。どのような目的で使うかは図にまとめてありますので、参考にしてください。★★★がついているものは、なかでも特におすすめの7冊です。

また、番外編として「おすすめ英語勉強本」も挙げておきました。

❶

『世界一便利な単語帳——知ってそうで知らない実用英単語』

英語力向上委員会編　デイビッド・セイン監修　ＩＢＣパブリッシング

数字、食べ物、動植物など、単語をカテゴリーに分類して紹介。膨大な数ではないので、自分の興味分野があれば「偏った英単語」を作る際、そのまま使える。

❷

『日・仏・英　プロのためのワイン会話集』

Laetitia PERRAUT 著　柴田書店

「偏った英単語」「偏った言い回し」を作る際、わたしが愛用している一冊。興味分野のワインについての単語、言い回しを知るのに便利。やや専門的だが、ワインに限らず自分の興味分野にぴったりのこういった本があれば用意するといい。
＊本ではないが、『アエラィングリッシュ』の二〇〇七年四月号「バーで粋に飲むための英語表現と予備知識」なども面白い。メルマガ、雑誌もチェックしよう。

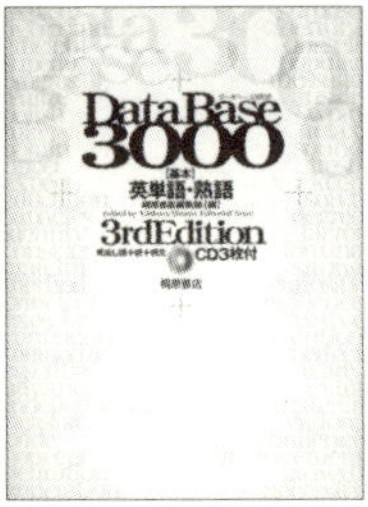

❸

『データベース3000　基本英単語・熟語第３版』CD 付

桐原書店編集部編　桐原書店

Have Get など、基本的な単語をどのような言い回しで使えば便利かがわかる。単語だけではなく、実際の表現法を覚えると会話がスムースになる。ステージ２のボキャビル本としてもよい本。

❹

『たったの72パターンでこんなに話せる英会話』CD 付★★★

味園真紀著　明日香出版社

自分でつくった偏った言い回し20に、この本の言い回しをプラスすれば普通の会話はほぼＯＫ。中途半端に覚えるのではなく完璧に脳に刷り込んでしまおう。「わかったつもり」にならず、時おり、再チェックするといい。

❺

『英会話なるほどフレーズ100』CD付★★★

スティーブ＆ロビン・ソレイシィ共著　アルク

ネイティブが子どもの頃に覚える表現というコンセプトで、日常の基本会話が100にまとまっている。とっさの一言のような使える表現ばかり。二、三の短い単語で構成された短い表現ばかりなのでベースとして丸暗記してしまおう。

❻

『英語口　英文法ができると英会話ができる』①②CD付

市橋敬三著　アスキー

英文法の勉強というより、中学レベルのベーシックな構文から、「文法のニュアンス」を把握するのに役立つ。初級編①と②があるが、とりあえず①だけでもＯＫ。

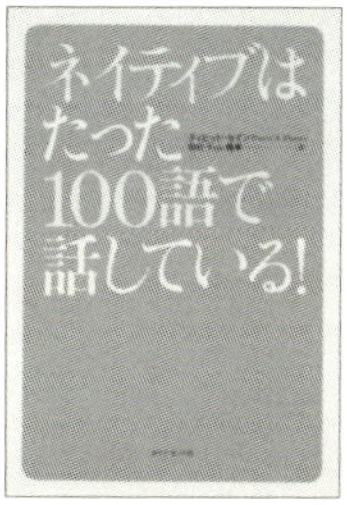

❼

『ネイティブはたった100語で話している！』

ディビッド・セイン著　ダイヤモンド社

中学レベルのベーシックな英単語100をあらゆる表現で徹底して「使い倒す」方法がわかる。活用頻度が高い便利なフレーズが多いので、丸暗記してもいい。

❽

『日常会話なのに辞書にのっていない英語の本』★★★

松本薫＋Ｊ.ユンカーマン　講談社＋α文庫

日常英会話で使われる基本的な言い回しがとても充実している本。相手にどう答えるかまで言及されているので、丸暗記すれば、これだけで日常会話の半分以上がＯＫ。

❾

『日常英会話　話しかけ＆返事のバリエーションを増やす』CD付★★★

上野理絵著　ベレ出版

会ったとき・別れ際など、会話のやり取りに特化した本。きっかけ語、あいづち語の宝庫なので、この本をマスターして実際に会話すると成功体験を味わえる。

❿

『ポジティブ・イングリッシュのすすめ』★★★

木村和美著　朝日新書

とても実践的なきっかけ語となる「ほめ言葉」に特化した画期的な本。ほめ方はもちろん、ほめられたときの謙遜はＮＧなど、文化の理解にも役立つ。

⓫

『バーダマン教授の辞書には出ていないアメリカ英語フレーズBOOK』CD付

ジェームズ・M　バーダマン著　明日香出版社

きっかけ語、あいづち語を知るのに役立つ。やや上のレベルなので、返答のバリエーションがほしいと思ったとき、辞書的に使うとよい。

⓬

『Better English with Catherine』CD付

キャサリン著　学研

とっさの一言を覚えるのにいい。InterＦＭの人気番組を書籍化したもの。実践的な表現ばかりなので、さっと眺めて使えそうなものがあれば覚えておこう。

⑬

『このニュアンス　英語にできますか？』

ヴォリューム・エイト著　成美堂出版

買い物の際、あるいは今の気分など、「こういうふうに言えたらいいな」という微妙な表現が満載。実践的だが、ややレベルが上がってから使うほうが効果的。

⑭

『自分のことを英語で話すパーソナルワークブック』CD付★★★

石津奈々著　ベレ出版

自己紹介のベースをこの本で作り、英会話スクールの講師にブラッシュアップしてもらうといい。仕事、夢、パーソナルプロフィールなど自己紹介表現を網羅。

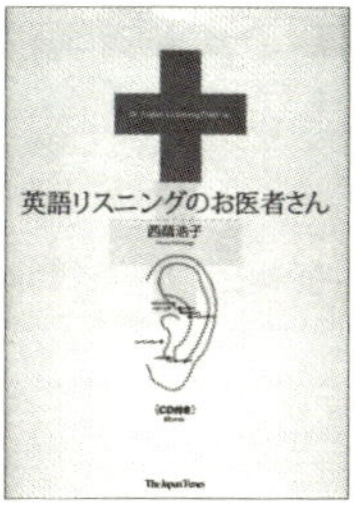

⑮

『英語リスニングのお医者さん』CD付★★★

西蔭浩子著　The Japan Times

リズム・アクセントを覚える際、この本で「音がつながる仕組み」を理解しよう。短縮、連結、同化、変形などを「6つの原因」として解説してある。強弱やアクセントにも言及。英語の仕組みを理解し、含み資産を顕在化できる。

⑯

『怖いくらい通じるカタカナ英語の法則』CD付

池谷裕二著　講談社ブルーバックス

「スペルと発音はこう変わるんだ」というイメージづくりに。発音、アクセントを理解する最初のステップに。

⑰

『Duo　3.0』

鈴木陽一著　アイシーピー

基本をマスターしたあと、ステージ2に入り、ボキャブラリィ・ビルディングをするときに役立つ。わかりやすい例文なので、まず全体を通して読み、次にわからない単語を確認し、そこだけ暗記するというやり方がいいだろう。

⑱

『英語耳　発音ができるとリスニングができる』CD付

松澤喜好著　アスキー

ステージ2に入り、リスニングをするときに役立つ。自分が話すときの発音は完璧でなくてもいいが、次のステージでは発音の仕組みを知らないと聞き取りのスキルがアップしないので、こういった本を使おう。

⑲

『ネイティブならこう言う！英会話フレーズ600』CD付

Shawn M.Clankie＆小林敏彦著　語研

ステージ2に入ったときに役立つ、実際の英会話フレーズ。ネイティブが選んだ表現だが、数が少ないのでステージ2に入ったばかりのときに使うといい。

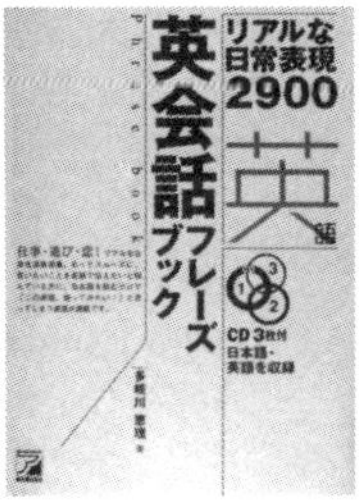

⑳

『英会話フレーズブック　リアルな日常表現2900』CD付

多岐川恵理著　明日香出版社

ステージ2に入ったときに役立つ、実際の英会話フレーズ。日常の流れごとに例文が出ているので、「なんて言うんだっけ？」と思ったときの辞書としておすすめ。

レバレッジが効く勉強本の選び方

	勉強のアイテム	テキスト
STAGE 1	即効性のインプット	
	偏った英単語 （興味分野など範囲を極度に狭める）	❶,❷
	偏った言い回し	❷
	きっかけ語とあいづち語	❽★★★,❾★★★,❿★★★,⓫
	get、haveなどの使いまわし単語	❸,❼
	とっさの一言	❹★★★,❺★★★,⓬,⓭
	基礎構文を理解	❻
	自己紹介	⓮★★★
	遅効性のインプット	
	リスニング （リズム・アクセント・英文構造を理解）	⓯★★★,⓰, SIM
STAGE 2	ボキャブラリイ・ビルディング	❸,⓱
	リスニング	⓲
	一般会話	⓳,⓴

※ステージや目的に合ったテキストを「適材適所」で使うことがポイント!
※★★★は特におすすめ。

番外編

おすすめ　英語勉強本

ある程度の歳まで英語をしゃべれなかった著者ばかりで、リアルな方法論満載。

『完全英語上達マップ』（森沢洋介著・ベレ出版）
『いつでもやる気の英語勉強法』（三宅裕之著・日本実業出版社）
『成功する英語勉強法』（安河内哲也・学習研究社）

おすすめ　英語学習雑誌

『AERA English』（朝日新聞出版刊）
『ENGLISH JOURNAL』（アルク刊）

表紙カバー内の写真（最上段）
Principe de levier @Dordogne, France
フォトグラファー、池田麻里
編集協力　青木由美子

レバレッジ英語勉強法《えいごべんきょうほう》

2008年4月30日　第1刷発行
2008年5月5日　第2刷発行

著　者　本田直之
発行者　矢部万紀子
発行所　朝日新聞出版
〒104－8011　東京都中央区築地5－3－2
電話　03－5541－8832（編集）
03－5540－7793（販売）
印刷所　中央精版印刷株式会社

ISBN978-4-02-250423-4
定価はカバーに表示してあります

落丁・乱丁の場合は弊社業務部（電話03－5540－7800）へご連絡ください。
送料弊社負担にてお取り替えいたします。